高职体育俱乐部制教学系列丛书

形体训练、健美操、体育舞蹈

主 编 李桂琴 杨 敏 孙 园

副主编 张 鹏 李志清 肖 兵 窦少文

主 审 周世游

西安电子科技大学出版社

内 容 简 介

　　本书根据《全国普通高等学校体育课程教学指导纲要》的要求编写而成，主要介绍形体、健美操、体育舞蹈的基本技术、竞赛规则和评价标准，特别适合此三种运动俱乐部的学员学习，也可作为对此三种运动感兴趣的读者的自学用书。

前　言

2002 年教育部颁布的《全国普通高等学校体育课程教学指导纲要》中提出："根据学校教育的总体要求和体育课程的自身规律，应面向全体学生开设多种类型的体育课程，可以打破原有系别、班级制，重新组合上课，以满足不同层次、不同水平、不同兴趣学生的需要。""要充分发挥学生的主体作用和教师的主导作用，努力倡导开放式、探究式教学，努力拓展体育课的时间和空间。在教师的指导下，学生应具有自主选择课程内容、自主选择任课教师、自主选择上课时间的自由度，营造生动、活泼、主动的氛围。"

编者认为，高校体育组织形式以体育俱乐部教学模式，更符合以上文件的精神和要求，相比传统教学模式，俱乐部制还具有以下优点：

(1) 突出学生和教师参与的自主性，构建宽松、自由的体育学习环境。

(2) 采用多样灵活的教学方法，建立以学生为中心的教学评价激励机制。

(3) 强化教师的竞争与协作意识，从新的角度建设师资队伍。

出于以上考虑，我们特精心编写了本书。本书主要介绍形体、健美操、体育舞蹈的基本技术、竞赛规则和评价标准，特别适合此三种运动俱乐部的学员学习，也可作为对此三种运动感兴趣的读者的自学用书。

由于编者水平有限，书中难免有不足之处，还请广大读者批评指正。

作　者

2016 年 1 月

目　录

第一章　形体训练 1

一、形体训练的内容 1

二、形体训练的分类 3

三、形体训练的目标及要求 3

四、形体美的评价与标准 7

课后练习与思考 14

第二章　健美操运动理论与技术 15

第一节　健美操运动概述 15

一、健美操运动的概念与分类 15

二、健美操运动的特点与功能 16

第二节　健美操运动基本技术 16

一、基本步伐 16

二、常用上肢动作 30

第三节　健美操音乐与动作编排 32

一、健美操音乐 32

二、健美操的动作编排 34

第四节　健美操基本竞赛规则 39

一、总则 39

二、成套动作的评分 40

三、违例动作 44

第三章　体育舞蹈运动理论与技术 46

第一节　体育舞蹈概述 46

一、体育舞蹈的含义 46

二、体育舞蹈的起源 46

三、体育舞蹈的发展 48

四、体育舞蹈的基本知识 51

第二节　体育舞蹈中各舞种简介 55

一、摩登舞 55

二、拉丁舞 59

三、体育舞蹈各舞种的特点 61

四、体育舞蹈音乐的特点 62

第三节　交谊舞基本知识 64

一、交谊舞基本握持姿势 64

二、交谊舞舞步暗示动作 66

三、交谊舞引带技巧 66

四、舞会礼仪 68

第四节　实用舞步教学 69

一、华尔兹 69

二、慢四步与快四步舞 76

第一章

形 体 训 练

一、形体训练的内容

　　形体训练形式多样，训练内容丰富，包括芭蕾舞、现代舞以及其他体育项目中的有关身体练习内容。如古典芭蕾中的把杆系列类动作、中间舞姿舞态的训练、体育项目中的健身操、健美操、竞技体操及杂技中的一些小技巧动作练习等，均为形体训练提供了丰富的素材。根据形体训练的练习形式及要求，我们把形体训练的内容分为徒手练习及功房练习两大部分，如图 1-1 所示。

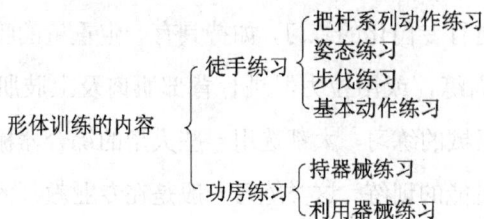

```
                          ┌ 把杆系列动作练习
                  ┌ 徒手练习 │ 姿态练习
                  │          │ 步伐练习
形体训练的内容 ┤          └ 基本动作练习
                  │
                  └ 功房练习 ┌ 持器械练习
                            └ 利用器械练习
```

图 1-1　形体训练的内容

1. 徒手练习

从图 1-1 中可以看到徒手练习包括：把杆系列动作练习，如下肢外开、外展练习，发展腿部肌肉的柔韧及力量练习，胸、腰部柔韧性及灵活性的练习，头部动作的练习，通过把杆训练能有效地培养练习者良好的用力习惯，能有效地控制身体；姿态练习是有目的地进行专门的姿态动作的培养与训练，通过专门的动作使练习者在各种练习中逐步学习并体会动作要求，进而达到练习的目的；步伐练习是培养练习者灵活及敏捷的动作，培养他们在行进间对自身的姿态控制；基本动作练习是一些专门性的有针对性的动作练习，如针对某一部位力量性单一的练习或提高身体机能性的练习等，通过这些专门性的动作训练，能提高练习者身体的机体能力，达到健身、健美的目的。

2. 功房练习

功房练习是指在练习馆内利用一定的器械进行的形体训练。功房练习包括持轻器械练习和利用器械进行练习两大部分。持器械练习是指手持一定的器械进行有针对性的练习。此类练习大都是对身体某一部位进行专门化的练习，如持具有一定重量的哑铃进行增强上肢力量的训练，或用拉力器进行背部肌肉及上肢肌肉的力量训练。而利用器械的练习，大都选用一些大型的综合器械进行全面的身体素质及机能的训练。这类练习一般是在专业教师的指导下进行的，它要求有周密详细的训练方案和训练进度，并有针对性地进行训练，继而达到练习要求。总之，形体练习的内容极为丰富，练习者可根据自己的情况在专业教师的指导下进行有选择的训练。

二、形体训练的分类

根据形体训练的目的，我们把形体训练分为形态训练、姿态训练和气质训练三大类。从图 1-2 中可以看出形态训练主要是针对身体各部位的专门练习，促进骨骼的生长发育，改进身体各部位围度的比例，使身体的外部线条更趋优美、圆润。而姿态的训练则是针对人的站、立、行等各种基本动作姿态的培养，它包括各类的徒手动作的练习，其中以把杆系列动作及中间姿态动作的训练为主，通过操化性的动作练习来培养练习者正确的动作姿态，形成良好的姿态习惯。气质练习则是一个内化的培训过程，它的建立依赖于练习者文化素养的积累和培养，通过气质训练能使练习者内在的素养与外在的身体形态相吻合，使人内外统一，全面发展。

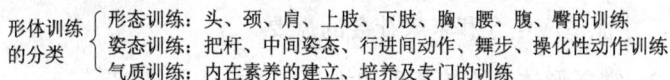

形体训练
的分类 {
形态训练：头、颈、肩、上肢、下肢、胸、腰、腹、臀的训练
姿态训练：把杆、中间姿态、行进间动作、舞步、操化性动作训练
气质训练：内在素养的建立、培养及专门的训练

图 1-2 形体训练的分类

三、形体训练的目标及要求

(一) 形体训练的目标

形体训练的目标是塑造健美形体，提高审美能力，促进身心协调发展。为了实现这一目标，应从以下几个方面努力。

(1) 进行全面的形体训练，使身体既健康又美丽。

人的身体健康意味着生命的活力，意味着无休止的追求与创造，意味着生机勃勃。所以，健与美密不可分。健美首先是健，健是美的前提和基础。美分为内在美和外在美。内在美是指人的心灵美，即完美的精神世界；外在美则指人的容貌、行为举止、形体、服饰、发型等。人的美应是这两方面的和谐统一。形体训练主要是培养人的形体美，即内在美的形象展现。

15～20岁的青少年正处于青年发育的最佳时期，生长发育日趋成熟。因此，在形体训练中，应根据自己的身心发展特点，有目的、有意识、有计划地选择练习内容和练习手段，促进全身的骨骼、肌肉得到良好发育，使身体各部位匀称、丰满，从而改善形体自然状态之不足；同时，也应根据性别特征与专业特点，有针对性地发展相关的身体素质，提高生理机能水平，以此强健体魄；在进行姿态训练的同时，更要进行气质训练，使其具有超凡脱俗的品质。只有这样，才能适应当今和未来社会的需要。

(2) 掌握形体训练的基础知识、基本技术与技能。

形体训练的基础知识、基本技术与技能是科学地进行训练的向导，也是发展练习者智能的基础。通过学习，应明确形体训练的作用、意义和基本要求，掌握形体训练的基本原则与方法，提高美学素养。

形体训练的基本手段是身体练习，即按照美化形体、发展体能的要求而采用的各种动作练习。练习者只有在反复的身体练习过程中才能掌握正确地完成动作的方法和技术，并在经常练习的基础上形成动作技能，获得好的训练效果。因此，在全面锻炼形体的同时，加强"三基"学习，掌握科学的形体训练方法，形成自觉锻炼的习惯和独立锻炼的能力，就显得格外重要。

(3) 进行美育教育，陶冶情操，发展良好个性。

形体训练是有目的、有组织的教育过程。它不仅影响人的外在形象。还影响人的品格和气质。形体训练的内容丰富，形式新颖多样，但其核心都是展示美、塑造美。因此，它本身就具有培养学生审美趣味、审美能力、审美感受的作用。加之形体训练是在音乐伴奏下进行的，学生在优美的旋律中通过自己的身体活动来感受美，这无疑是情感的愉悦，是最好的审美享受。日积月累，量的变化引起质变，在不知不觉中受到潜移默化的影响，达到陶冶性情，美化心灵的目的。此外，美好形体的获得是长期艰苦锻炼的结果，形体训练的过程也就是培养毅力，磨炼意志的过程。正如培根所说："美是令人倾慕的，但创造美的劳动却是艰辛的，甚至是残酷的。"凡是在训练过程中能够战胜自己、坚持不懈地进行美的追求和勇于实践的人，不仅能获得健美的形体，也一定能够培养出常人所不及的坚强品格和刻苦精神，使身体的美与心灵的美和谐一致，实现内在美和外在美的统一。

形体训练各途径之间是互相联系、互相促进、不可分割的统一整体。在形体训练中，只有保证各条途径的顺利畅通，才能保证目标的最后实现。

(二) 形体训练的要求

1. 保证休息和合理的膳食营养

休息是消除疲劳，使身心得到放松调整，迅速恢复精力的重要措施。休息的方式一是睡眠；二是听音乐，看电影、电视，进行适度的娱乐性活动。多方面的实践证明，睡眠对于精力的恢复比饮食更重要。因为运动时所消耗的精力和被破坏的局部组织，可以在睡眠中得到补偿和修复，同时神经系统和内脏器官可以得到调整。因此，应给自己制定一个兼顾学习、锻炼、休息的合理作息时间表。

营养是保证身体正常能量供应的主要来源，是人类赖以生存的基本条件。营养状况的好坏直接影响着人体的健康。训练后，只有及时摄取和补充适量的、必需的营养物质，才能保证人体健康和正常的活动能力。青少年生长发育速度快，代谢过程旺盛，在进行形体训练之后更需要科学、合理地选择食物，平衡膳食，全面摄取人体必需的营养素——蛋白质、脂肪、糖、维生素、矿物质和水等物质。切忌偏食、厌食，保证正常身体发育和训练所需营养物质的量和质，为形体训练提供物质保证。

2. 掌握科学合理的学习方法

为了实现形体训练的教学目标，教师要采用科学的"教"的方法，练习者也要采用相应的"学"的方法。"学练法"就是在实践中得以证明的一种科学的学习方法，即指在一定的学习环境中，在教师指导下，按照一定的训练方法和步骤，独立地进行自学和自练的方法。

常用的学练法有以下几种：

(1) 模仿法：充分运用视、听和肌肉的本体感觉，采用阅读书刊及动作图解或者观察别人(教师、学生等)演示的动作模式，独立进行模仿，从而感知、体会和理解动作方法、要领。

(2) 比较法：通过练习，自我观察(照镜子)和相互观察，进行对照、比较，确定无误，并自我矫正，不断改进与提高动作质量。

(3) 重复法：指按照教师布置的动作练习及练习中的各种要求，重复进行某个练习的方法。

(4) 变换法：就是结合自身特点和实际情况，改变练习要素，如动作速度、速率、动作幅度、动作方向或组合方式，反复进行练习的方法。

(5) 创新法：在掌握单个基本动作的基础上，自编、自创组合或成套练习动作。

四、形体美的评价与标准

(一) 形体美的内涵

形体，指人身体的形态、体态，由体格、体型、姿态三个方面构成。体格指标包括人的身高、体重、胸围等。其中，身高主要反映骨骼的生长发育状况，而体重反映骨骼、肌肉、脂肪等重量的综合变化状况，胸围则反映胸廓的大小及胸部肌肉的生长发育状况。所以，身高、体重、胸围被列为人体形态变化的三项基本指标。

体型是指身体各部分的比例。如躯干上、下之间的比例，身高与肩宽的比例，胸围、腰围、臀围之间的比例等。体型主要决定于骨骼的组成与肌肉的状况。著名画家达·芬奇说过："美感完全建立在各部分之间神经的比例上。"由此可见，体型是否美，主要取决于身体各部分发展的均衡与整体的和谐统一。

姿态是指人坐、立、行等各种基本活动的姿势。人体的姿势主要通过脊柱弯曲的程度、四肢、手足以及头的部位等来体现。正确、优美的姿势不仅影响着人的形体美，还能反映出一个人的精神面貌与气质。可以说姿态是展现人的"内在美"的一个重要窗口。

从构成形体美的要素不难看出，即使从自然美的法则、从人体外观判断，形体美也是一种综合的整体美。它既包含了人体外形形状、结构的美，又包含了人体在各种活动中表现出来的姿态美、动作美。然而，人不仅是自然的存在物，还是社会的存在物，人体美必定是自然美与社会美的统一。如果一个男子身体匀称、肌肉结实、步伐矫健、姿势挺拔，但他言语粗俗、举止庸俗、态度狂傲，你能称他为美男子吗？他能给人们以美的感受吗？正如著名的俄国民主主义革命者别林斯基所说："人的外表的优美和纯洁，应是他内心的优美和纯洁的表现。"德国启蒙时期的思想家莱辛也曾讲过："美丽的灵魂可以赋予一个并不优美的身躯以美感，正如丑恶的灵魂会在一个漂亮的躯体打下某种特殊的、不由得使之厌恶的烙印一样。"此外，形体美塑造的成功有赖于动机、目标、审美标准；有赖于训练内容、方法、途径的选择；有赖于严格遵守生活作息制度、良好的生活习惯及合理的膳食结构。而这些都受内在的素质美的影响和制约。因此，我们认为，在大力提倡素质教育和进行社会主义物质文明建设与精神文明建设的今天，强调形体美的内外统一更具有时代性和现实意义。

综上所述，我们认为形体美的定义是：由健美体格、完美体型、优美姿态、良好气质融汇而成，并充分展现出来的和谐美和整体美。

(二) 影响形体美的主要因素

1. 身高和体重

人的体型美，主要取决于身高与体重的比例是否协调。一般说来，身高较多地依赖于遗传，而体重以及受体重制约的胸围、腰围、臀围等则受后天的影响较大。因此，塑造体型美，就必须遵循人体生长发育的规律，在遗传因素所允许的范围内，根据自身的条件，通过控制肌肉和脂肪这两个可变的因素，使身体各部分的多余脂肪得以消除，从而使身体协调、匀称。

2. 姿态美

姿态美与体型美关系密切。在日常生活中，体型美需要通过优美的姿态来展现。例如，躯干正直的人与腰部松垮的人自由站立时给人的观感就有明显差异，前者由于良好的姿态可以充分表现体型美，而后者由于腰部塌下，腹部挺出，肌肉松弛只会给人体型不美的感觉。

形态姿态美，脊柱是关键。因此，应特别注意脊柱形态的形成，培养正确的坐、立、行的基本姿态。形成姿态美，还必须通过严格的形体训练，建立正确姿势的动力定型，并矫正不良、错误的姿势。

3. 动作美

动作美是形体美的一种表现形式，动作美之中蕴含着姿态美。姿态有动有静，如坐、立、卧、蹲表现出静态时的姿势，而走、跑、跳等就表现出动态时的姿势。无论是静态还是动态，只要在完成动作时轻松、协调、准确、敏捷、高效益，就可显示出动作美。

英国大哲学家和现代实验科学的开山祖师弗朗西斯·培根说过："状貌之美胜于颜色之美，而适宜并优雅的动作之美又胜于状貌之美。"

4. 气质美

气质是人的高级神经活动类型特点在行为方式上的表现。在日常生活中，通常指人的典型而稳定的个性特点、风格和气度。由此可见，气质美似虚非虚，看似无形，实则有形，反映在一个人对待现实生活的态度、个性、自我调整能力和言行特征等方面。正所谓一举手、一投足可有天壤之别。它既可能展示出人的端庄、典雅，也可能表现出人的猥琐和俗气。正由于气质美是内在美自然、真实的流露，所以气质美可以使体型美、姿态美、动作美达到更高的境界，使人具有永久的魅力。

气质的形成虽与人的体质、神经类型、遗传等生理特征有关，但最终要受后天的环境(自然环境、社会环境)、家庭条件、文化教育、自身修养的影响，因此，只有在加强形体训练、提高体型美、姿态美、动作美的同时，全面提高自己的文化素养、道德修养、美学素养，才能具有气质美。

5. 营养

营养是影响形体美的重要因素。美的形体是通过训练得到的，而没有科学合理的营养，就不能保证人的正常生长发育。训练后，不能及时地补充营养，也就无法弥补由于训练所造成的能量损耗，形体训练的效果也就无从谈起。因此，只有保证科学合理的营养补充，才有可能获得美的形体。

(三) 形体美的基本要求

人的形体美，主要决定于美的基本法则。所以，对形体美的基本要求是：五官端正，肤色红润，皮肤细腻并有光泽；生长发育良好，脊柱正直，双肩对称，以骨骼为支架构成的人体各部分比例匀称、适度；肌肉均衡发达、线条清晰、富有弹性；姿态规范、端庄。

美国艺术史家潘诺夫斯基深刻地指出："美，不在于各种成分，而在于各个部位和谐的比例。"数学家、艺术大师笛卡尔也说："恰到好处的适中与协调就是美。"在现实生活中，身材高矮，身体胖瘦，美与不美，关键是看比例是否恰当。比例失调不能产生美感，比例适中则给人以和谐匀称的美感，"环肥燕瘦"就是典型的例证。此外，一个人尽管体型很美，却病态奄奄，站无站相，坐无坐相，走起路来耸肩弓背、摇头晃脑，又怎能让人产生美感呢？这就告诉我们，姿态美对充分表现体型美、烘托体型美起着重要作用。因此，在鉴别与评价形体美时，练习者必须着眼于整体，全面综合地分析。而在塑造自身的形体美时，则要根据自己的自然条件，从整体美的角度出发进行形体训练，才能实现美化形体的愿望。

(四) 形体美的一般评价标准

普列汉诺夫说过："绝对的美的标准是不存在的，并且也不可能存在。"这是因为，在人类历史的发展过程中，形体美的标准是变化的，即使是同一时代的人，由于民族特点、种族差异、地理环境、审美习惯的不同，标准也不尽相同。所以，只能根据国内外专家、学者对形体美的研究成果，提出以下相对的评价标准。

1. 形态美

(1) 标准体重计算公式如下：

男性标准体重(千克)＝[身高(厘米)－100]×0.9

女性标准体重(千克)＝[身高(厘米)－105]×0.95

肥胖度(%)＝(实际体重－标准体重)/标准体重×100%

肥胖度在"±10%"范围内为正常，在10.1%～20%为过重，超过20.1%则为中度肥胖。

(2) 男子以股骨大转子为中心，上下身长相等；女子以肚脐为界，上下身长比例为5∶8。

(3) 男女两臂侧举时的长度等于身高。

(4) 男女两肩的宽度，约等于1/4身高。

(5) 男女大腿长等于1/4身高，女子两腿长度加上足高应大于1/2身高。

(6) 男子胸围约等于 1/2 身高加 5 厘米，女子胸围不小于 1/2 身高。

(7) 男子腰围约小于胸围 18 厘米；女子腰围不大于 1/2 身高。

(8) 男子臀围等于胸围；女子臀围约大于胸围 2～3 厘米。

(9) 男子大腿围约小于胸围 22 厘米；女子大腿围约小于腰围 8～10 厘米。

(10) 男子小腿围约小于大腿围 18 厘米；女子小腿围约小于大腿围 18～20 厘米。

(11) 男子脚腕围约小于小腿围 12 厘米，上臂围约等于 1/2 大腿围；前臂围约小于上臂围 5 厘米；颈围等于小腿围。

2．姿态美

(1) 立姿：挺拔、亭亭玉立。要求两腿直立并拢，双肩平而放松，两臂自然下垂，挺胸收腹，夹臀，立腰，立背，立颈，下颏微收，双目平视。

(2) 坐姿：端庄优美，温文尔雅。女子两膝并拢，男子双膝可稍分开，略窄于肩宽。要求腰背挺直，肩放松，挺胸，脊椎与臀部成一直线，微收下颏，两眼平视前方。

(3) 走姿：自然稳健，风度翩翩，以标准立姿为基础。走时头与躯干成一直线，目视前方，步位正确，步幅基本一致，双臂自然摆动，重心平稳。

3．气质美

男性的气质美主要表现为阳刚气概——壮美。阳刚气概的主要特征是：刚毅、顽强，善于自制；勇敢沉着，当机立断；胸襟开阔，豁达大度；粗犷豪放，待人诚恳；目光远大，勇于进取。

女性的气质美主要表现为温柔秀美。它的主要特征是：优雅娴静、温和、柔顺、体贴、细腻、深情、宽容、纯真、善良等。而聪慧、机智将越来越成为男女共有的气质美的核心。

课后练习与思考

影响形体美的主要因素有哪些？

第二章 健美操运动理论与技术

第一节 健美操运动概述

一、健美操运动的概念与分类

按照目的任务和国外的惯例,健美操运动分为健身性健美操和竞技性健美操两大类(见表 2-1)。

表 2-1 健美操运动的分类

健身性健美操			竞技性健美操
徒手健美操	轻器械健美操	特殊场地健美操	
一般健美操	重器械健美操	水中健美操	男子单人
拳击健美操	踏板操	固定器械健美操等	女子单人
搏击操	哑铃操	功率自行车	混合双人
瑜伽健身术	橡皮筋操		三人
拉丁健美操	健身球操		混合六人
街舞			

二、健美操运动的特点与功能

(1) 健美操运动的特点：高度的艺术性、强烈的节奏性、广泛的适应性、健身的安全性。

(2) 健美操运动的功能：增进健康美功能、塑造形体美功能、缓解精神压力功能、娱乐身心功能、医疗保健功能。

第二节　健美操运动基本技术

健美操的基本技术包括：基本步伐和上肢动作两部分。

一、基本步伐

(一) 基本步伐体系

人体运动对地面产生一定的作用力，而地面同时也给予人体相应的反作用力，即"冲击力"。所有步伐可按冲击力分为三种：无冲击力动作、低冲击力动作、高冲击力动作。许多低冲击力动作同时也可做成高冲击力动作(见表 2-2)。无冲击力动作指两只脚都接触地面的动作，或不支撑体重的动作；低冲击力动作指总有一只脚接触地面的动作；高冲击力动作指两只脚都离开地面，即有腾空的动作。

表2-2 有氧操常用基本动作体系

类别	原始动作形式	低冲击力形式	高冲击力形式	无冲击力形式
交替类	踏步 (march)	踏步(march) 走步(walk) 一字步(easy walk) V字步(V-step) 漫步(mambo)	跑步(jog)	
迈步类	侧并步 (step touch)	并步(step touch) 迈步点地(step tap) 迈步吸腿(step knee) 迈步后屈腿(step curl) 侧交叉步(grapevine)	并步跳(step jump) 小马跳(pony) 迈步吸腿跳(step knee) 迈步后屈腿跳(step curl) 侧交叉步跳(grapevine)	
点地类	点地 (touch step)	脚尖点地(tap) 脚跟点地(heel)		
抬腿类	抬腿 (lift step)	吸腿(knee lift(up)) 摆腿(leg lift) 踢腿(kick)	吸腿跳(knee lift) 摆腿跳(leg lift) 踢腿跳(kick) 弹踢腿跳(flick) 后屈腿跳(leg curl)	
双腿类			并腿跳(jump) 分腿跳(squat jump) 开合跳(jumping jack)	半蹲(squat) 弓步(lunge) 提踵(calf raise)

根据动作完成形式的不同，又可将基本步伐分为五类：

交替类：两脚始终做依次交替落地的动作。

迈步类：一条腿先迈出一步，重心移到这条腿上，另一腿用脚跟、脚尖点地或吸腿、屈腿、踢腿等，然后向另一个方向迈步的动作。

点地类：一腿屈膝站立，另一腿伸出，用脚尖或脚跟点地后还原到并腿位置的动作。

抬腿类：一腿站立，另一腿抬起的动作。

双腿类：双脚站立、身体重心在两腿之间的动作。

(二) 基本动作说明

1. 两脚交替类

1) 踏步(原始动作)

一般描述：两腿原地依次抬起，依次落地(见图 2-1)。

技术要点：在下落时，踝、膝、髋关节依次有弹性地缓冲。

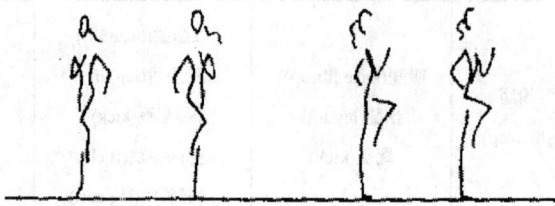

图 2-1　踏步

2) 走步

一般描述：迈步向前走四步或向后退四步，然后反之(见图 2-2)。向前走时，脚跟先落地，过渡到全脚掌；向后走时则相反。

技术要点：在落地时，膝、踝关节有弹性地缓冲。

图 2-2　走步

3) 一字步

一般描述：一脚向前一步，另一脚并于前脚，然后再依次还原（见图 2-3）。

技术要点：向前迈步时，先脚跟着地，过渡到全脚掌；前后均要有并腿过程；每一拍动作膝关节始终有弹性地缓冲。

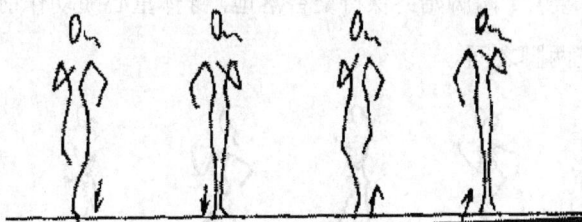

图 2-3　一字步

4) V 字步

一般描述：一脚向前侧方迈一步，另一脚随之向另一方迈一步，成两脚开立，屈膝，然后再依次退回原位（见图 2-4）。

技术要点：两腿膝、踝关节始终保持弹动状态，分开后成分腿半蹲，重心在两脚之间。

图 2-4 V 字步

5) 漫步

一般描述：一脚向前迈出，屈膝，重心随之前移，另一脚稍抬起，然后原地落下；或者向后撤一步，重心后移，另一脚稍抬起，然后原地落下(见图 2-5)。

技术要点：两脚始终保持交替落地，身体重心随动作前后移动，但始终在两脚之间。

图 2-5 漫步

6) 跑步

一般描述：两腿经过腾空，依次落地缓冲，两臂屈肘摆臂(见图2-6)。

技术要点：落地屈膝缓冲，脚跟尽量落地。

图 2-6　跑步

2. 迈步类

1) 并步(侧并步为原始动作)

一般描述：一脚迈出，另一脚随之并拢屈膝点地；再向反方向迈步(见图 2-7)。

技术要点：两膝始终保持弹动，动作幅度和力度可随风格而定。

图 2-7　并步

2) 迈步点地

一般描述：一脚向侧迈一步，两腿经屈膝移重心，另一腿再向前、侧或后用脚尖或脚跟点地(见图 2-8)。

技术要点：两膝放松保持弹动。

图 2-8　迈步点地

3) 迈步吸腿

一般描述：一脚迈出一步，另一腿屈膝抬起，然后向反方向迈步(见图 2-9)。

技术要点：经过屈膝半蹲，抬膝时支撑腿稍屈膝。

图 2-9　迈步吸腿

4) 迈步后屈膝

一般描述：一脚迈出一步，另一腿后屈，然后向反方向迈步(见图 2-10)。

技术要点：经过屈膝半蹲，支撑腿稍屈膝，后屈腿的脚跟靠近臀部。

图 2-10 迈步后屈膝

5) 侧交叉步

一般描述：一脚向侧迈一步，另一脚在其后交叉，随之再向侧迈一步，另一脚并拢，屈膝点地(见图 2-11)。

技术要点：第一步脚跟先落地，身体重心快速随脚步而移动，保持膝、踝关节的弹动。

图 2-11 侧交叉步

3．点地类

1) 脚尖点地

一般描述：一腿稍屈膝站立，另一腿伸出，脚尖点地，然后还原到并腿姿势(见图 2-12)。

技术要点：支撑腿始终保持屈膝站立，并且随动作有弹性的屈伸。

图 2-12　脚尖点地

2) 脚跟点地

一般描述：一腿稍屈膝站立，另一腿伸出，脚跟点地，然后还原到并腿姿势。只可做向前和向侧的脚跟点地(见图 2-13)。

技术要点：支撑腿始终保持屈膝站立，并且随动作有弹性地屈伸。

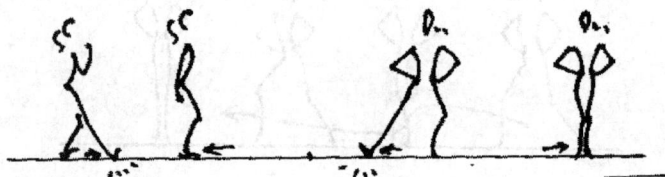

图 2-13　脚跟点地

4. 抬腿类

1) 吸腿

一般描述：一腿屈膝抬起，落下还原(见图 2-14)。

技术要点：支撑腿保持屈膝弹动，大腿上抬超过水平；上体保持正直。

图 2-14 吸腿

2) 摆腿

一般描述：一腿抬起摆动，落下还原(见图 2-15)。

技术要点：抬腿角度要低，脚尖绷直，上体正直。

图 2-15 摆腿

3) 踢腿

一般描述：一腿稍屈膝站立，另一腿抬起，然后还原(见图 2-16)。

技术要点：抬起腿不需很高，但要有控制；保持上体正直。

图 2-16 踢腿

4) 弹踢(跳)

一般描述：一腿站立(跳起)，另一腿先向后屈，然后向前下方弹踢，还原(见图 2-17)。通常以高冲击力的形式出现。

技术要点：腿弹出时要有控制，保持上体正直。

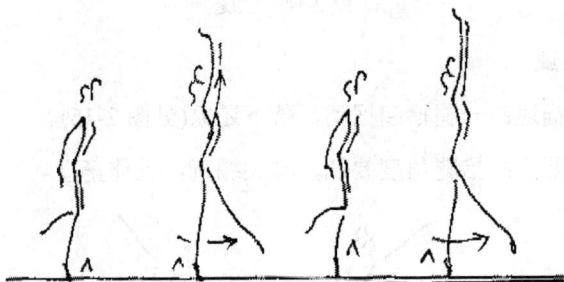

图 2-17 弹踢(跳)

5) 后屈腿(跳)

一般描述：一腿站立(跳起)，另一腿向后屈膝，放下腿还原(见图 2-18)。通常以高冲击力的形式出现。

技术要点：支撑腿保持弹性，两膝并拢，脚跟靠近臀部。

图 2-18 后屈腿(跳)

5．双腿类

1) 并腿跳

一般描述：两腿并拢跳起(见图 2-19)。

技术要点：落地缓冲有控制。

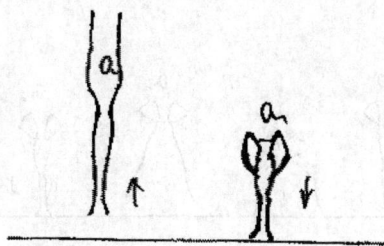

图 2-19　并腿跳

2) 分腿跳

一般描述：分腿站立屈膝半蹲，向上跳起，分腿落地屈膝缓冲(见图 2-20)。

技术要点：屈膝半蹲时，大、小腿夹角不要小于 90°，空中注意身体的控制。

图 2-20　分腿跳

3) 开合跳

一般描述：由并腿跳起，分腿落地；然后，再由分腿跳起，并腿落地(见图 2-21)。

技术要点：并腿屈膝跳起，分腿落地；然后，再由分腿跳起，并腿落地。

图 2-21　开合跳

4) 半蹲

一般描述：两腿有控制地屈和伸，可分为并腿半蹲和分腿半蹲(见图 2-22)。

技术要点：分腿半蹲时，两腿左右分开稍大于肩(或与肩同宽)，脚尖稍外开，屈膝时关节角度不得小于 90°，膝关节对准脚尖方向，臀部向后 45° 方向下蹲，上体保持直立。

图 2-22　半蹲

5) 弓步

一般描述：两腿前后分开，两脚平行站立；蹲下、起来(见图 2-23)。

技术要点：半蹲时后腿关节向下，大腿垂直于地面；重心始终在两脚之间。

图 2-23　弓步

6) 提踵

一般描述：两腿脚跟抬起，落下脚跟稍屈膝(见图 2-24)。

技术要点：两腿夹紧，重心上提时，收紧腹部；落下时屈膝缓冲。

图 2-24　提踵

二、常用上肢动作

在完成基本动作时加入不同的手臂动作就会使动作变得丰富多彩，或改变动作的强度和难度。如手臂在肩以上的动作强度就大于手臂在肩以下的动作强度；手臂动作变化多的一组动作就难于手臂动作变化少的动作组合。下面就介绍几种常用的手形和手臂动作。

(一) 常用手形

1. 掌形

一般描述：五指伸直并拢(见图 2-25)。

2. 拳形

一般描述：握拳，拇指在外(见图 2-26)。

3. 五指张开形

一般描述：五指用力伸直张开(见图 2-27)。

图 2-25　掌形　　　　图 2-26　拳形　　　　图 2-27　五指张开形

(二) 上肢动作

1. 举

一般描述：臂伸直向某方向抬起。

2．屈臂

一般描述：前臂与上臂角度不断减小。

3．伸臂

一般描述：前臂与上臂角度不断增大。

4．屈臂摆动

一般描述：屈肘在体侧自然地摆动。可依次和同时进行。

5．上提

一般描述：直臂或屈臂由下至上提抬起。如屈臂前提、直臂侧提。

6．下拉

一般描述：臂由上举或侧上举拉至身体两侧。

7．胸前推

一般描述：立掌，臂由肩部向前推。

8．冲拳

一般描述：屈臂握拳，由腰间猛力向前冲拳。

9．肩上推

一般描述：立掌，屈臂由肩部向上推。

10．摆动

一般描述：以肩关节为轴，手臂在180°以内的运动称之为摆动。

11．绕和绕环

一般描述：以肩关节为轴，手臂在180°至360°之间的运动为绕；大于 360° 以上的圆周运动为绕环。

12. 交叉

一般描述：两臂重叠成 X 形。

在进行上述上肢动作练习时，应注意肌肉的用力阶段，使动作富有弹性，避免上肢动作过分僵硬。

第三节　健美操音乐与动作编排

一、健美操音乐

音乐是声音的艺术。音乐作为完整的艺术形式有着自己独特、系统和完整的表达方式。健美操的动作在音乐的衬托下，更具生命力与艺术性，可以说音乐为健美操插上两只翅膀，使健美操扩大了表现空间。如果说仅仅由动作构成了健美操的锻炼与原始的冲动，音乐则为健美操注入了灵魂，并使内心的激动呐喊出来。

就其相关因素，音乐的节奏与速度，严格地控制着动作的节奏与速度。因此，在很大程度上控制着运动的强度。仅就节奏与速度而言，时间相同，节奏与速度越复杂、越快，强度就越大，反之越小。

音乐的风格决定动作的风格。音乐风格受时代变化、民族地域、环境、作者等因素影响，因此我们应当尊重音乐的风格，因为唯有这样动作与音乐才能协调，音乐才能有力地支撑起动作。

音乐的强弱变化为动作的力度与起伏创造了内在的条件，使动作与音乐在结构上产生联系，曲调与节奏的变化加之动作起伏从而产生韵律感，增加了健美操的韵律感，使健美操美学价值更高。

音乐的情绪有控制健美操动作与脑细胞兴奋的作用，因此在音乐伴奏下进行锻炼可以延缓疲劳的出现。同时音乐的情绪可以影响人的情绪，这也是健美操多选择曲调欢快、节奏强劲的音乐作为伴奏音乐的重要原因之一。欢愉明快的音乐可以更快地调动起人的兴奋性。

运用音乐时的注意事项：

(1) 音乐的风格与动作的风格应相一致。音乐的选择直接影响着健美操的风格、结构、节奏和速度，音乐选配得当容易激发编操者的创作灵感和练习者的锻炼激情。健身健美操应体现出民族风格，并向着突出时代特征的方向发展。

(2) 音乐应体现健美操特点。健美操是健、力、美的统一体，选配音乐时要注意体现这一点，强调美与力的结合。音乐旋律要动听，力求新颖，丰富多变，节奏鲜明。

(3) 要注意音乐速度的选用。健美操的音乐速度通常以 10 s 为单位作为设计动作速度的标准。竞技健美操要求音乐必须在 1′40″～1′50″之间，速度在每 10 秒 24～27 拍，健身健美操要求音乐必须在 2′30″～3′之间，速度在每 10 秒 22～26 拍，充分体现健身健美操的有氧性及健身性。相比之下，较快节奏的音乐更容易提高一套动作的活跃性，同时也更容易引起群众的共鸣。

(4) 成套动作的连贯性和完整性。一般成套音乐套路开头采用 10 秒的慢拍或造型变化，突出风格特点。中间每部分或小的阶段要体现高低起伏的变化。如果是经过剪接，则剪接处前后乐曲的旋律应基本相似，且有一定的连贯性。音乐的结尾一定要保持音乐的完整性，不要动作做完或时间到了，就把音乐从这里卡断，这样的结果会给人一种悬在空中而没有结束的感觉。

二、健美操的动作编排

目前大学生成套健身健美操除参加比赛外，各类表演也是广大学生丰富文化生活的重要内容。在大学生中积极开展介于竞技与表演之间的成套健身健美操，特别是更具感染力和更多参与者的集体健身健美操已成为发展健美操运动的一个重要途径。这就要求专门从事健美操教学的教师和教练，在健身健美操编排的艺术上进行认真探讨，掌握编排艺术，不断挖掘编排过程中的艺术魅力。

(一) 成套健身健美操的构成

成套健身健美操由音乐、动作和编排三个要素组成，它们之间的关系可用图 2-28 形象地表示。

在成套健身健美操动作中，如果说音乐是灵魂，动作是躯骨，那么编排就是经络，编排是套路成型的关键，是成套动作质量的保证，是衡量成套健身健美操价值的重要指标。

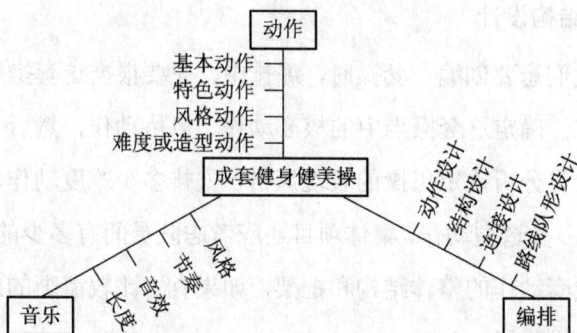

图 2-28　音乐、动作、编排三要素关系示意图

(二) 成套健身健美操动作的编排

1. 动作设计

(1) 针对大学生生理、心理特点选择动作。在校大学生一般年龄在 18～24 岁，因此在编排时，应选择一些刚劲有力、健美大方、富有朝气、积极快速、振幅较大、舞蹈因素多、时代特点突出、有明显锻炼价值的动作。同时，造型动作要新颖、独特、多变、有趣、奔放。在设计动作时应考虑到学生的实际水平，除包括基本动作外还可设计一些使学生通过努力都能完成的动作，具有挑战性，做到有一定难度的同时又具有可接受性。

(2) 借鉴相关项目，内容设计要突出特色。动作编排应有机结合舞蹈、体操、技巧等一些相关项目艺术，创造性地编排出既刚又柔、协调流畅的动作。此外在设计时考虑加入健美操中的一些风格操，如拉丁健美操、街舞等动作来渲染整套操，但是此内容和时间不宜太多，要起画龙点睛的作用，设计做到有特色。

2. 结构设计

当我们想要创编一套操时，编排中，先要根据这套操所需要达到的要求，确定这套操当中的核心动作、风格动作，然后与所选音乐进行反复分析确定出操的表现风格，安排多少难度动作、多少操化动作、多少造型动作，集体项目还应考虑队员间有多少的配合等，勾勒出成套动作的整体结构和框架，如果有了比较清晰的想法，就可以具体操作了。

3. 连接设计

(1) 合理分配各类动作。选择设计好单个动作和成串的组合动作后，要将风格性动作、难度动作、配合动作等按照一定的原则，合理地分配连接，切忌出现"头重脚轻"等安排不平衡。

(2) 把握好成套动作的节奏。节奏是表演艺术的基本要素，一套成功的健美操编排，主题动作和陪衬动作要节奏分明，其动作要有大小、快慢、强与弱、刚与柔的搭配，有开始、有高潮、有结束。高潮应多在后半段形成，吸引人的动作和队形要逐渐上升，感染观众。

4. 路线、队形设计

首先根据场地特点要合理充分地利用场地，注意利用队形变化，加强整套操的流动性，不要在一个队形上做过多的动作，队形、方位的变化应巧妙并易于整齐一致，不应牵强附会，生拉硬扯，以影响整套操的连贯性。在队形变化中注意把惊险、新颖、观赏性强的动作安排在场地中间，给观赏者留下清晰深刻的印象。其次在队形选择上应按照操的内容与风格选择适宜的队形，以便更好地展现主题。

在初步完成整套操的编排后，配合音乐完成整套操的动作演练，观察整体表演效果，加以修改，使整套操的动作和音乐的风格、情感完全吻合。并注意随着训练的深入，队员技术情况的日趋变化，应去掉那些难以完成的动作，根据队员特点修改或增加那些表演效果好、队员擅长完成的动作，精雕细刻，使之日趋完善。

(三) 健美操动作编排的原则

1. 根据编操的目的、任务、对象、特点进行编排的原则

健美操总的目的、任务是增进健康，培养正确的体态，塑造美的形态，陶冶美的情操。 但具体到某一套操，其具体任务又会有所侧重，创编的要求也不尽相同。 另外，创编任何一套健美操时，都必须考虑使用对象的具体情况，要针对不同对象的生理、心理特点，来确定总体构思的特点、风格和动作内容。

2. 坚持全面发展身体的原则

创编健美操时，必须坚持全面发展身体的原则。为了达到增进健康的目的，编排的动作涉及身体各个部位、各个器官系统的机能，以及身体整体素质，使之能得到全面、协调的发展。另外，在动作设计上要讲究对称，即动作的结构、身体各部位的活动、练习方式等方面应是对称的，这样有助于身体全面发展。

3．合理安排动作顺序和运动量

在安排成套健美操的顺序和运动量时，主要应考虑使用对象的具体情况，应符合其人体运动的合理的生理曲线要求，动作由小到大，由慢到快，由弱到强，由局部到整体，使心率变化由低到高，波浪形地逐步发展，并出现最高心率，且能恢复到平静状态。另外，在安排运动量时，还要考虑到练习者的年龄、性别和实际承受能力。

4．精心设计动作，使之有独特的风格和特点

健美操的动作设计，是创编整套动作的重要一步。在进行单个或成节动作设计时，除了参考平时注意收集积累的各种素材外，还要精心设计每一个动作，要考虑到动作的幅度、速度、节奏、数量和形式，力求动作简单易学、造型美观、富有弹性、结构合理、讲求实效，其整体动作要连贯，活而不乱，符合总体构思。

5．选配音乐要考虑其风格、韵律及内在结构特点

音乐是健美操的灵魂。如果失去灵魂，健美操将失去其价值和意义。因此，在选配音乐时，要考虑到音乐的各种特点，使动作和音乐巧妙结合。

6．根据比赛规则要求进行编排的原则

竞技健美操的编排要依据比赛规则的要求进行。规则对每套动作的难度、时间等均有严格的规定。

第四节　健美操基本竞赛规则

高校健美操竞赛规则一般参照《中国健身健美操竞赛规则》、国家体育总局颁发的《健美操竞赛规则》和国际体操联合会颁发的《竞技健美操竞赛规则》三个版本。在这里我们主要介绍健身性健美操的竞赛规则。

一、总则

(1) 竞赛内容：符合规则及规程要求的自编成套动作比赛。

(2) 成套动作时间：自编成套动作时间为 $2'30''\sim3'$(不含提示音和前奏音乐)。

(3) 比赛音乐：音乐速度每 10 秒 22～26 拍；成套动作允许有 2×8 拍的音乐前奏；参赛队必须自备比赛音乐，比赛音乐可以使用一首或多音乐曲混合的音乐，可加入特殊音效，音乐必须录制在 CD 或普通录音带的 "A" 面开头。

(4) 参赛人数与更换运动员：每队参赛人数至少 4～6 人，性别不限。如有特殊情况更换运动员时，需持有效证明，经组委会同意方可更换。

(5) 比赛场地：比赛场地为 10 m×10 m 的地板或地毯，标志带为 5 cm 宽的白色带。标志带是场地的一部分。

(6) 服装：运动员须穿适合运动的健美操服和运动鞋，着装整洁、美观、大方，不允许使用悬垂饰物，例如皮带、飘带和花边等；女运动员的头发须梳系于后，头发不得遮住脸部；允许化淡妆，禁止戴首饰。

(7) 比赛程序与计分方法：比赛分为预赛和决赛，凡参赛队均参加预赛，预赛前八名者进入决赛，不足八名时，递减一名录取。比赛中得分高者名次列前，如遇得分相等，按艺术分高者名次列前，再相等则名次并列，无下一名次。

二、成套动作的评分

成套动作的评分包括艺术分、完成分和裁判长减分。

(一) 艺术裁判的评分

艺术分是从 10 分起评，对每个错误给予减分。艺术裁判的评分因素为：动作设计、音乐、队形与空间的运用、表演。

1. 动作设计(5 分)

健身健美操的动作设计应符合四个原则：健身、娱乐原则；安全无损伤原则；全面发展身体的原则；符合年龄特点的原则。

1) 基本步伐、手臂动作及动作组合(2 分)

(1) 动作设计必须包括七个基本步伐：踏步、开合、吸腿、踢腿、弓步、弹踢腿跳、后踢腿跑或类似形式。

(2) 手臂动作要体现多样性及动作的不对称性。

(3) 动作组合中应使身体的各部位(头、手、上臂、前臂、躯干、腿和脚)协调配合，共同参与的部位越多评价越高。

(4) 同一动作组合允许出现一次对称动作。

(5) 成套动作的设计要以操化动作为主，融合现代舞蹈和传统武术等项目的动作，必须符合健美操运动的特点。成套动作中不允许出现任何清楚地显示其他项目特征的造型或静止动作(如芭蕾、健美、搏击等)。

(6) 成套动作中不鼓励出现难度动作，如出现类似动作，不予加分，对出现的错误予以减分。开始和结束允许出现托举动作，但不允许出现违例动作。

(7) 成套动作中至少应出现两次运动员之间有接触的交流配合动作。

(8) 成套动作中托举的数量不得多于 3 次。

2) 过渡与连接(2 分)

(1) 在成套动作中应合理、流畅地连接健美操基本步伐、动作组合。

(2) 对灵活和流畅的空中、地面的相互转换，运动员可以依次或分批做动作，但任何一名运动员不允许停顿 1×8 拍。

3) 强度(1 分)

强度的评价取决于动作的频率、动作的速度及幅度、完成动作的耐力、移动等因素。

2．音乐(1 分)

音乐的选择应完整并与成套动作的风格协调。音响的效果应是高质量的，并有足够音量，必须和运动员成套动作相配合。

3．队形与空间的运用(2 分)

(1) 成套动作的队形变化应自然、迅速、流畅、美观、清晰。成套动作的队形变化不少于 5 次，至少出现 3 次流动队形变化；移动路线要合理使用 4 种以上(前、后、左、右、对角等)。

(2) 成套动作应均衡、合理、充分地使用场地和空间，要充分使用场地每一个区域，充分利用三维空间和方向的变化。

4．表演(2 分)

运动员动作表演要充分体现表现力、自信力和感染力。

(1) 表现力：运动员通过娴熟的动作技巧，通过自身的活力、热情和全身心投入的激情来吸引观众的能力。

(2) 自信力：运动员充满自信、唯我独尊的良好自我感觉。

(3) 感染力：运动员与观众目光持续接触的能力，并最终感染观众。

(4) 表演的动作应与音乐主题、风格融为一体，要与音乐的节拍相吻合并配合乐句。

(5) 动作表演就是演绎音乐的内涵，要充分体现主题内涵，这是最值得倡导的表演。

(二) 完成裁判的评分

完成分是从 10 分起评，对每个完成错误给予减分。完成裁判的评分因素为：技术技巧、一致性。

1. 技术技巧

技术技巧指完美完成所有动作的能力，包括以下方面：

(1) 身体姿态控制能力：在完成动作时始终保持身体正确姿态的能力。

(2) 动作的力度：成套动作的力度、爆发力、肌肉耐久力。力度是通过动作快速准确到位的延伸制动控制来实现的，动作要松而不懈、力而不僵。

(3) 动作的准确性：动作技术规范、部位准确、清楚，动作方向清楚，完美控制。开始与结束动作要清楚。运动员的节奏感与动作的韵律性应保持协调一致，完美体现动作的弹动与控制。

(4) 动作的熟练性：动作技术纯熟，轻松流畅。

(5) 动作的幅度：动作幅度要大，但要避免"过伸"运作和大幅度的反关节动作。

2. 一致性

动作的一致性包括：

(1) 整体完成动作的能力，运动范围的一致性。

(2) 所有运动员应体现出一致与均衡的运动强度。

(3) 所有运动员应具有一致的表演技巧。

完成评判员对所有动作出现错误的减分标准：

小错误：稍偏离正确完成，每次扣 0.1 分。

中错误：明显偏离正确完成，每次扣 0.2 分。

大错误：较严重偏离正确完成，每次扣 0.3 分。

严重错误：严重偏离正确完成，每次扣 0.4 分。

失误：根本无法达到要求，失去平衡(跌倒)等，每次扣 0.5 分。

(三) 裁判长

裁判长的职责：记录评判整套动作，并根据技术规则负责监控在场全体裁判的工作。

裁判长负责如下减分：

(1) 时间不足(指成套动作时间少于 2′30″)，扣 0.2 分。

(2) 时间超过(指成套动作时间多于 3′)，扣 0.2 分。

(3) 参赛人数不足或超过均扣 0.2 分。

(4) 音乐速度不符合要求，扣 0.2 分。

(5) 运动员被叫到后 20 s 未出场，扣 0.2 分。

(6) 运动员的着装仪容不符合规定，扣 0.2 分。

(7) 运动员在比赛时掉物或装束散落，扣 0.2 分。

(8) 运动员身体触及线外地面，每次扣 0.1 分。

(9) 托举超过 3 次，每次扣 0.5 分。

(10) 违例动作减分，每次扣 0.5 分。

三、违例动作

为了保持健美操的特色，对不利于健身健美操发展的其他项目的表现形式，以及身体各关节过分伸展与过分弯曲的易损伤身体的动作禁止使用。违例动作如下：

(1) 所有沿矢状轴或额状轴翻转的动作。

(2) 所有高于30°的水平支撑动作。

(3) 任何与身体的自然姿态完全相反的动作，如反背弓、背部挤压、膝转、足尖起、仰卧翻臀等。

(4) 使用爆发性加速或减速动作，如抽踢等。

(5) 任何马戏或杂技动作。

(6) 抛接动作。"抛"是指由同伴抛起或借助同伴的力量弹起至腾空位置，"腾空"是指一个人不触及地面或同伴。

第三章 体育舞蹈运动理论与技术

第一节 体育舞蹈概述

一、体育舞蹈的含义

体育舞蹈是由属于文艺范畴的舞蹈演变而来的体育项目，是以人自身的形体动作为物质手段，它兼有文艺和体育的特点，是介于两者之间的，以竞赛为目的，具有自娱性和表演观赏性的竞技舞蹈，又叫"国际标准舞"，原名为"舞厅舞"或"舞会舞"，也有称之为"社交舞"、"交谊舞"、"交际舞"。体育舞蹈包含摩登舞和拉丁舞两大类 10 个舞种，摩登舞中有华尔兹、探戈、狐步舞、快步和维也纳华尔兹；拉丁舞中有伦巴、恰恰、桑巴、斗牛和牛仔舞。

二、体育舞蹈的起源

体育舞蹈前身的交际舞是最早出现在欧洲的农民舞蹈，如"低舞"(1350—1550 年)和"孔雀舞"(1450—1650 年)，都是由男女成对来跳的。16 世纪在英国被称为"乡村舞"的队列舞盛行；17 世纪法国"小步舞"受到广泛的欢迎；18 世纪中期，华尔兹舞在维也纳郊区和奥地利高山地区产生；19 世纪初，华尔兹出现近距离的搂抱形式，这种男女舞伴"近距离搂抱"的舞蹈猛烈抨击了传统的交际舞观念，使交际舞发生革命性的变化；进入 20 世纪后，又出现了狐步舞、探戈舞等交际舞。这样现代交际舞的内涵也逐渐明晰起来，它是指"舞伴距离较近"的，在舞厅中活动的交际舞。

1768 年，在巴黎出现了第一家交际舞舞厅，由此交际舞开始在欧美各国流行，成为一种普遍的社交方式。为了便于普及并进一步提高大众的参与意识，舞蹈教师们将其规范化、职业化并通过比赛将其竞技化。1924 年，英国皇家舞蹈教师协会对当时的交际舞进行了整理，将各种舞的舞步、舞姿、跳法加以系统化和规范化，相继制定规范了布鲁斯、慢华尔兹、慢狐步舞、快华尔兹、快步舞、伦巴、探戈等交际舞。1950 年，由英国 ICBD(摩登舞国际理事会)主办了首届世界性的大赛"BLACKPOOL DANCE FESTIVAL 1950"("黑池舞蹈节")，并把规范后的舞蹈命名为"国际标准交谊舞"，随后每年的五月底，在英国的"黑池"都会举办一届世界性的大赛。第二次世界大战以后，英国皇家教师舞蹈协会又整理了拉丁舞蹈，也将它纳入国际体育舞蹈范畴，1960 年，拉丁舞也成为世界交际舞锦标赛的比赛项目之一。这样，国际上形成了具有统一舞步的两大系列 10 个舞种的国际标准舞。

三、体育舞蹈的发展

(一) 国际体育舞蹈的发展概况

体育舞蹈的发展离不开体育舞蹈组织的管理、组织及推广工作。目前国际上有两个国际体育舞蹈组织。一个是国际体育舞蹈联合会(IDSF)，另一个是世界舞蹈及体育舞蹈理事会(WDDSC)。国际体育舞蹈联合会是管理业余体育舞蹈事务和比赛的国际组织，世界舞蹈及体育舞蹈理事会是管理职业体育舞蹈事务和比赛的国际组织。2000 年，IDSF 与 WDDSC 签署理解合作备忘录，拟将合并成立世界舞蹈运动联合会(WDSF)。

体育舞蹈的第一个国际组织是于 1935 年 12 月 10 日在布拉格成立的国际业余舞蹈联合会(IADF)，其成员国有奥地利、捷克斯洛伐克、丹麦、英国、法国、德国、荷兰、瑞士及南斯拉夫。不久，比利时、加拿大、意大利、挪威的协会也相继加入。奥地利的弗朗兹·布切勒当选为联合会的首任主席。1956 年更名为国际业余舞蹈理事会(ICAD)，后来在 1990 年又更名为国际体育舞蹈联合会(IDSF)。1995 年，IDSF 取得世界运动协会(IWGA)和国际体育总会(ARISF)的会员资格。1997 年 9 月，体育舞蹈正式得到国际奥委会承认，并且 IDSF 成为唯一的代表体育舞蹈的国际组织。2000 年，体育舞蹈成为悉尼奥运会闭幕式的表演项目。同年，IDSF 向国际奥委会申请体育舞蹈作为夏季奥运会正式比赛项目。1970 年，IDSF 有 22 个会员国和会员协会；1980 年，有 28 个会员国和会员协会；

1990 年，有 34 个会员国和会员协会；到了 2002 年，IDSF 已经拥有 79 个会员国和会员协会，并且有 43 个会员国已经得到奥委会的承认。

世界舞蹈与体育舞蹈理事会(WDDSG)通常简称为"世界舞蹈总会"。它的前身是摩登舞国际理事会(ICBD)，在菲利浦·理查德森(Philip Richardson)的极力鼓动下，22 名来自 12 个国家的职业舞蹈者于 1950 年 9 月 22 日在苏格兰爱丁堡创建摩登舞国际理事会(ICBD)，这是第一个国际职业舞蹈组织。最初它的成员国包括 9 个欧洲国家和 3 个其他地区的国家，而今已经成为职业舞蹈及体育舞蹈的世界顶尖权威。

(二) 我国体育舞蹈的发展现况

我国体育舞蹈的开展受西方文化的影响，交谊舞于 20 世纪 30 年代率先进入上海，后又在天津、广州等大城市广泛流行。新中国成立后，国内盛行内部舞会，通常由各地的工会、共青团、妇联组织舞会，领导与群众同乐，大家一起跳交谊舞。1956 年以后，交谊舞陷入困境，1979 年 2 月 2 日，人民大会堂春节联欢会后复出。20 世纪 80 年代初，随着改革开放的进一步深入，体育舞蹈进入了一个新的发展时期，外国专家及优秀选手纷纷来华讲学、表演、交流、培训，体育舞蹈迅速从北京、广州向全国推广。1986 年，文化部中国舞蹈家协会正式成立了"中国国际标准舞总会"(20 世纪 90 年代后改名为"中国国际标准舞学会")，并于 1987 年举办了"第一届全国国际标准舞锦标赛"，以后每年举行一次，国标舞事业得到了我国各级政府关心，成为社会主义精神文明建设的重要内容。从1998年开始，国标舞被列入中国文化部"荷花奖"的评奖单项，从此又开辟国标舞事业一个崭新的篇章。

1989年8月，国家体委成立了体育舞蹈俱乐部。1991年5月3日，"中国体育舞蹈协会"宣告成立。随后，"中国体育舞蹈培训中心"在全国各地广泛开展培训工作：依照国际规则，制定了我国第一个《体育舞蹈竞赛规则草案》；1993年12月，举办了"中国上海、北京世界杯体育舞蹈锦标赛"，这是我国首次获得世界体育舞蹈职业总会(WDDSD)和世界体育舞蹈业余总会(IDSF)认可的世界性公开赛，也是中国最具规模的舞蹈大赛。

1994年，"中国国际标准舞协会"和"国际标准舞学院"相继成立。1995年，中国两次派团赴英国和德国参加比赛。1995年和1996年先后两次在上海和北京举办"英国皇家舞蹈教师协会"(ISTD)教师资格考核，共有近70人通过，成为该会会员。1996年5月，中国国际标准舞协会首次派出考察团参加世界著名的英国"黑池"第71届舞蹈节。2001年在第76届"黑池"舞蹈节国际标准舞大赛中，我国体育舞蹈明星、五星级全国冠军获得者李兆林、李小媛闯入"黑池"职业新星组摩登舞比赛前24名，为中国赢得了荣誉，为全世界华人赢得了骄傲。2004年，栾江和张茹获得了"黑池"大赛职业新星拉丁组冠军，这是中国体育舞蹈历史上第一个"黑池"冠军，实现了该项目比赛零的突破。

目前我国开设体育舞蹈课程的高校也越来越多，包括一些有条件的中学、民办院校也相继开设体育舞蹈课程，特别是在一些文科院校，体育舞蹈更是备受宠爱。随着体育舞蹈教师队伍建设的不断完善和大学生对体育舞蹈认知度的不断提高，体育舞蹈将在全国高校得到更广泛的普及。

四、体育舞蹈的基本知识

(一) 舞程线

舞程线是指沿舞程向(逆时针方向)行进的路线。即跳舞时为了避免发生碰撞而规定的舞者必须沿逆时针方向围绕着舞池中央作连续发展式运动。在习惯中，把靠近主席台一侧的那条长线称为 A 线，依次是 B 线、C 线、D 线，再回到 A 线，如此往复循环。本书的图解都是按照在舞程线上行进的方向绘制的，同时，要记牢在舞池中沿着舞程线前进时，右边总是靠墙壁(外边)，左边总是靠舞池中央(内边)，每一舞步开始和完止的方向，都是以图 3-1 的方向、名称为标准的。

图中，脚所站立的方向和部位用箭头表示：

(1) 面对舞程线——背对舞程线。

(2) 背对舞程线——面对舞程线。

(3) 面对墙壁——背对墙壁。

(4) 面对中央——背对中央。

(5) 面对斜墙壁——背对斜墙壁。

(6) 面对斜中央——背对斜中央。

(7) 反舞程线面对斜墙壁——反舞程线背对斜墙壁。

(8) 反舞程线面对斜中央——反舞程线背对斜中央。

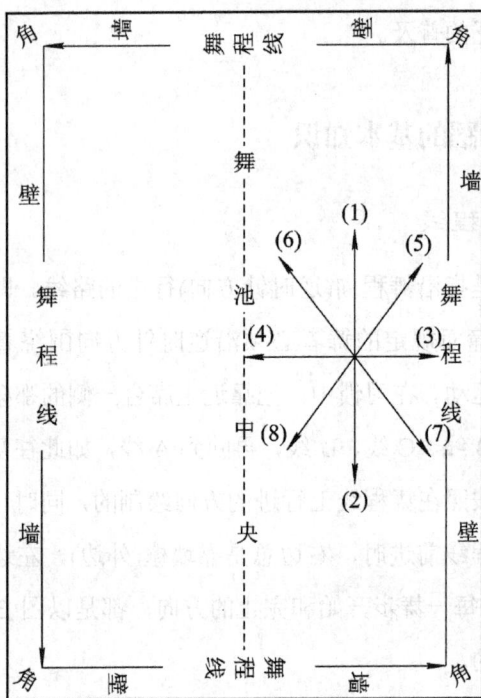

图 3-1 舞程线

(二) 运步中表示脚步方向的术语

当我们在舞池中沿着舞程线作各种转法和前进后退时，脚步的运动有八个固定方向，本书中各种舞法、舞步的绘图解释也都与这八个固定方向的术语相一致，读者只要将图 3-2 中八个方向的术语熟记，在练习中是不会有困难的。

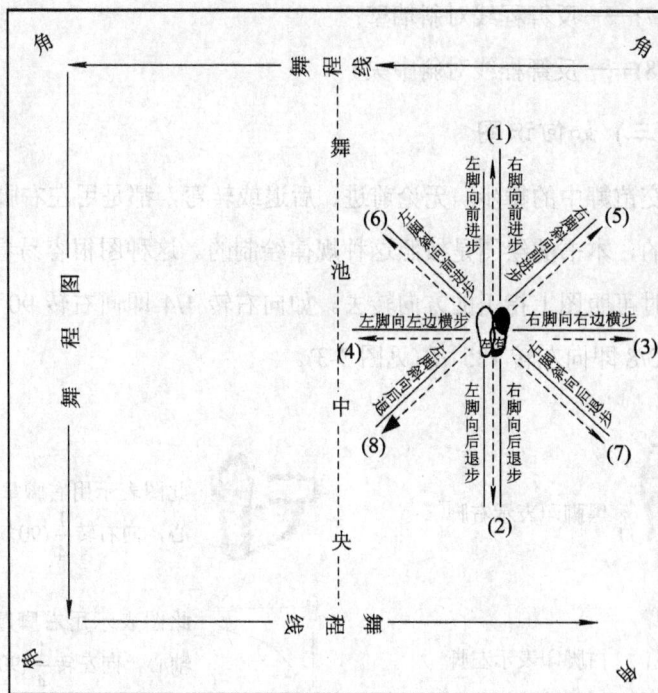

图 3-2 八个方向

图中：

(1)——沿舞程线；

(2)——反舞程线；

(3)——对墙壁；

(4)——对中央；

(5)——对斜墙壁；

(6)——对斜中央；

(7)——反舞程线对斜墙壁;

(8)——反舞程线对斜中央。

(三) 如何识图

交谊舞中的舞步,无论前进、后退或转弯,都是用左右脚交换运步的,本书的绘图是按照这种规律绘制的。这种图很容易看懂,转弯时可照图上指引的方向转去。如向右转 1/4 即向右转 90°;向左转 3/8 即向左转 135°等(见图 3-3)。

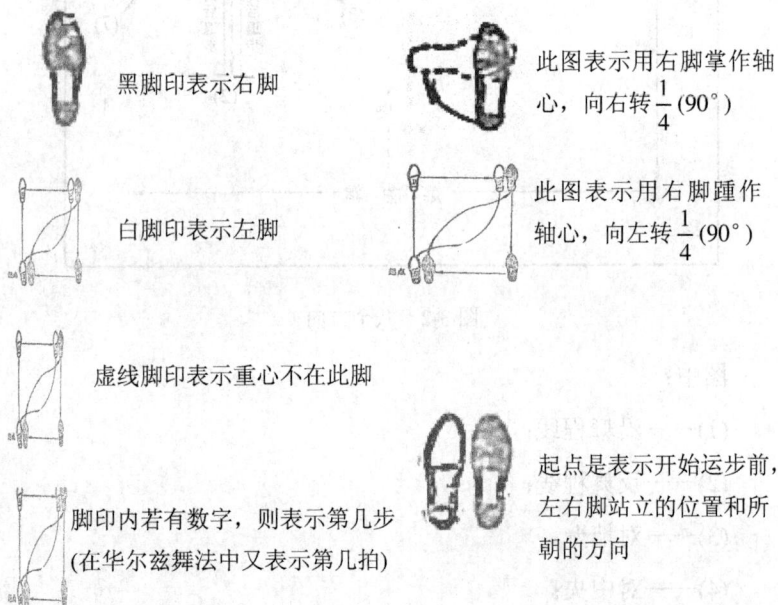

黑脚印表示右脚

此图表示用右脚掌作轴心,向右转 $\frac{1}{4}$(90°)

白脚印表示左脚

此图表示用右脚踵作轴心,向左转 $\frac{1}{4}$(90°)

虚线脚印表示重心不在此脚

脚印内若有数字,则表示第几步(在华尔兹舞法中又表示第几拍)

起点是表示开始运步前,左右脚站立的位置和所朝的方向

图 3-3　舞步图

第二节　体育舞蹈中各舞种简介

一、摩登舞

摩登舞起源于欧洲，具有端庄、含蓄、稳重、典雅的风格和绅士风度，舞步流畅，轻柔洒脱，舞姿优美，起伏有序，音乐节奏清晰，舞蹈富于技巧性，是老少皆宜的舞系。

(一) 华尔兹(Waltz)

华尔兹又称"圆舞"，是体育舞蹈中历史最悠久，生命力最强的一种舞蹈。它起源于德国和奥地利地区的一种民间舞蹈——"土风舞"。12 世纪，3/4 拍的华尔兹在德国的巴伐利亚和奥地利的维也纳地区的民间流行。华尔兹一词最早来自古德文"Waltz"，意思是"滚动"、"滑动"或"旋转"。16 世纪传入法国，17 世纪进入维也纳宫廷，18 世纪正式出现在英国舞厅，被誉为"欧洲宫廷舞之王"。19 世纪末、20 世纪初流行于美国波士顿，称为波士顿华尔兹，后来又流行于英国和欧洲许多国家，在那里得到了很大的发展。在英国皇家舞蹈教师协会的整理规范下，将舞姿、舞步、跳法加以系统化，形成了现代意义上的慢华尔兹，又被称作"英国的华尔兹"，即当代体育舞蹈的华尔兹。

华尔兹风格特点是庄重典雅，华丽多彩，舞蹈动作流畅，旋转性强，热烈而兴奋，重心起伏跌宕，接连不断的潇洒转体。莫扎特、肖邦、柴可夫斯基、约翰·施特劳斯等音乐大师都创作了不朽的华尔兹音乐。

华尔兹音乐 3/4 拍，每分钟 30～32 小节，基本上一拍一步，每个音乐小节跳三步。华尔兹有身体的起伏、摆荡、倾斜和反身动作，是表现爱情的一种舞蹈。舞蹈时，男舞伴似王子气宇轩昂，女舞伴似公主温文尔雅、雍容大方，舞姿飘逸优美、文静柔和。

(二) 探戈舞(Tango)

探戈舞起源于非洲中西部的民间舞蹈"探戈诺"舞，16 世纪末，随着贩卖黑奴进入美洲，探戈融合了拉美民间舞蹈风格，形成了舞姿优雅洒脱的墨西哥探戈舞和舞姿挺拔、舞步豪放健美的阿根廷探戈舞。探戈舞是阿根廷国舞，它的知名度甚至超过了这个民族。

现代探戈舞起源于 19 世纪布宜诺斯艾利斯一个名声不佳的酒吧，稍后，探戈舞进入了城市，以深情的旋律和强烈的节奏，营造了更富于梦境的效果。探戈舞的节奏、旋律乃至舞步，都融进了阿根廷民族的历史，成为阿根廷民族的象征。正如斗牛术曾代表西班牙一样，探戈曾是阿根廷的代名词。布宜诺斯艾利斯人跳探戈舞时，不欢笑也不纵情，表现的是一种内含隐衷的激情。探戈舞动作刚劲有力，欲退还进，动、静、快、慢错落有致，头左顾右盼、快速转动，舞蹈风格动静交织，潇洒大方，沉稳中见奔放，闪烁中显顿挫。

探戈舞音乐速度中庸，舞曲为 2/4 拍，每分钟 30～34 小节，音乐特点是以切分音为主，带有符点和停顿，舞步分慢(S)和快(Q)，其中，S 占一拍，Q 占半拍。舞蹈时，膝关节松弛、微屈，重心略微下沉。脚下干净利落，不拖泥带水，斜行横步，步步为营。

(三) 快步舞(Quick Step)

快步舞起源于美国，早期舞步吸收了狐步舞运动，后又引入了芭蕾舞的小动作，使动作显得更加轻快灵巧。舞蹈时要求掌握好基本运动和身体感觉，尤其是膝关节放松，通过脚踝关节来控制力量和身体重心的移动。跳跃时，脚不能离地面很高，脚尖刚刚离地即可。舞伴间配合切勿一上一下，不但影响姿态和身体重心的移动，而且会造成配合中的失误，跟不上节奏，手忙脚乱，并使动作变形。现在体育舞蹈中的快步舞是"英国式"的快步舞。

快步舞动作轻快活泼，富于激情，舞步轻松，自由洒脱。舞蹈风格简洁明快，饱含动力感和表现力。舞蹈音乐 4/4 拍，每分钟 50～52 小节。

(四) 狐步舞(Slow Foxtrot)

狐步舞起源于美国黑人舞蹈，它的产生比华尔兹和探戈要晚一点，大约在 1914 年，美国杂耍演员哈利·福克斯模仿马慢走时悠闲自在、从容恬适的情态，设计成为一种舞蹈形式，并迅速在全美流行。这种轻快的舞步被称为"福克斯舞步"，后又称为"狐步舞"。体育舞蹈中，狐步舞是由英国的约瑟芬·宾莉改编而成的。

狐步舞的步法轻柔、圆滑、流畅，方向多变，且没有合并步。舞蹈风格典雅大方，舒展流畅，轻盈飘逸，平稳大方。舞曲音乐为4/4拍，每分钟29～30小节左右；基本节奏是：慢、快、快(SQQ)。舞蹈时身体挺直，膝关节放松，胯、臀部相对固定。由于舞步平稳，动作流畅，悠闲自在，音乐恬静幽雅，婉转明快，故上身动作多变，反身动作较多，技术上大量运用足跟旋转，舞伴间配合要求更加默契。

(五) 维也纳华尔兹(Viennese Waltz)

维也纳华尔兹是历史悠久的舞蹈，和华尔兹一样，它起源于奥地利北部山区的民间舞蹈。维也纳华尔兹又称"快华尔兹"，是由德国农村的土风舞和三拍的奥地利民间舞相结合而成的。17世纪初在宫廷中使用，18世纪中叶，流行于法国城市交际舞会，然后在欧洲广为流传。音乐对维也纳华尔兹的发展起到了很大作用，19世纪中期，奥地利著名作曲家约翰·施特劳斯(被称做圆舞曲之父)创作了大量的圆舞曲，如《皇帝圆舞曲》、《维也纳森林里的故事》以及《蓝色的多瑙河》。音乐使维也纳华尔兹锦上添花，热烈而兴奋，极大地推动了维也纳华尔兹的发展和流传。

维也纳华尔兹动作优美，舒展大方，连绵起伏，舞步轻快流畅，旋转性强，音乐3/4拍或6/8拍，每分钟56～60小节左右，节奏清晰，旋律活泼。

二、拉丁舞

拉丁舞起源于非洲和拉丁美洲。拉丁美洲的舞蹈是在西班牙舞蹈基础上吸收了其他外来乐舞，特别是由非洲黑人乐舞的特征而形成的。拉丁舞动作豪放粗犷，速度多变，手势和脚步内容丰富，充满激情，音乐节奏鲜明强烈，具有热情、奔放、浪漫的风格特点，尤为中、青年人所喜爱。

(一) 伦巴舞(Rumba)

伦巴舞是拉丁舞中具有独特魅力的舞蹈，舞蹈动作曾受雄鸡走路启发，舞蹈的形成与西班牙的舞蹈"波莱罗"以及与非洲黑人舞蹈有关。20世纪30年代，英国的皮埃尔夫妇表演和推广古巴伦巴舞，受到人们极大的欢迎，于是古巴伦巴舞风行欧洲。伦巴舞被称为拉丁美洲音乐和舞蹈的精神与灵魂。

伦巴舞的音乐是4/4拍，每分钟27~28小节，舞蹈动作特点是臀、胯、膝盖绷直，胯向后扭摆，动作不能太突然。伦巴胯不是单一的左右扭摆，是提、转、绕、沉胯的一个组合动作，重心脚踏降时，脚跟用力踏地，足部伸直到超直过程，需经专门训练才能做到。

(二) 恰恰舞(Cha Cha)

恰恰舞起源于非洲，传入南美洲后，在古巴获得了很大的发展。它是模仿企鹅的动作创编而成的舞蹈，借以表达青年男女之间追逐嬉戏的情景，风趣诙谐，热烈而又俏美。恰恰舞节奏欢快易记，配以邦伐斯鼓和沙球的"咚咚"、"沙沙"声，所以备受欢迎，成为拉丁舞中最受欢迎的舞蹈。

恰恰舞音乐为4/4拍，每分钟29～32小节，4拍跳5步。舞蹈时，在前脚掌上施力，当移重心至脚上时，脚跟要放低，膝关节伸直，用稍离地面的踏步来表达心情的欢快；后退步时，脚跟下落要比前进步晚，避免重心突然"掉"至后面。正确的舞姿、稳定的腿部动作和足部动作对跳好恰恰舞是非常重要的。

(三) 牛仔舞(Jive)

牛仔舞源于美国西部，舞蹈带有踢踏动作，音乐节奏快速且有跃动感，令人兴奋不已。舞蹈动作粗犷豪放，其强烈的扭摆和连续快速的旋转使人目不暇接，眼花缭乱。舞蹈中有举持和拖甩舞伴等动作，以表现牧人强健的体魄和自由奔放的情感。牛仔舞在二次大战后传入英国，得到广泛推广。牛仔舞的音乐是4/4拍，每分钟40～46小节，舞蹈风格欢快、热烈、诙谐、风趣。

(四) 桑巴舞(Samba)

桑巴源自非洲的黑人舞蹈，起初称为摩尔人的桑巴。舞曲音符短促，节奏欢快，舞时伴以歌唱，舞者围圈而跳，中间一人独舞，或排成双行跳舞，舞步时而急速旋转，时而弯身下蹲，时而像蛇一样扭动着身躯。在巴西每年2月底举行的狂欢节中，跳桑巴舞已成为节日中最重要的活动之一，桑巴舞以微妙的节奏和强烈的感情使巴西人为之倾倒，逐步成为巴西的民族舞蹈，也成为巴西民族文化的一个重要标志。桑巴舞是拉丁舞中最强烈、最有个性节奏的舞蹈，乐曲热烈、欢快而又兴奋，舞蹈动作粗犷豪放，起伏强烈，膝部连续弹动，舞步奔放敏捷，富有强烈感染力。桑巴舞区别于其他拉丁舞的一个显著特点，是舞蹈时沿舞程线方向绕场移动，是一种行进性舞蹈。桑巴舞音乐 2/4 拍，每分钟 48～56 小节。

(五) 斗牛舞(Paso Doble)

斗牛舞又称帕索多布累舞，起源于西班牙，流行到法国后发展为国际标准舞。它是模仿西班牙斗牛士的动作创编而成的，由西班牙风格进行曲伴舞的一种拉丁舞。舞蹈中男士代表斗牛场上的斗牛士，女士代表斗牛士手中艳丽的红斗篷。舞蹈中保持着一种英武、敏捷、自豪的姿态，表现出强壮威武和豪迈昂扬的气概。

斗牛舞音乐为 2/4 拍，每分钟 60～62 小节，一般每拍跳一步，有时也可以是 3/4 和 6/8 拍，但只适用于表演。

三、体育舞蹈各舞种的特点

体育舞蹈有两大类 10 个舞种，每一舞种的风格都是与发源地的历史条件、地理环境、生产方式、民俗风情、审美观念密切联系的，是受其传统文化影响而形成的。每一舞种展示的人体美具有鲜明的民族性特征，都具有强烈感人的艺术表现力和鲜明独到的艺术风格，其舞蹈特点如表 3-1 所示。

表 3-1 体育舞蹈的舞种及特点

舞类	舞种名称	起源地	特　点
摩登舞	华尔兹	德国	舞姿雍容华贵、高雅大方、舞步委婉流畅、周旋轻飘、起伏跌宕
	探戈	阿根廷	舞姿刚劲顿挫、潇洒奔放、舞步节奏爽快流畅、动静交织
	狐步舞	英国	舞姿平稳大方、温柔从容、舞步悠闲轻松、富有流动感
	快步舞	美国	舞姿轻松欢快、舞步跳跃转动、灵活动人
	维也纳华尔兹	奥地利	舞姿华丽优雅，舞步潇洒流畅
拉丁舞	伦巴	古巴	舞姿柔媚动人、甜美含蓄、舞步涓涓柔媚
	桑巴	巴西	舞姿活泼动人、甜美生动，舞步风吹摇曳
	恰恰舞	墨西哥	舞姿花俏利落，舞步欢快爽朗
	斗牛舞	起源于法国发展于西班牙	舞姿威猛、激昂刚劲有力，舞步坚定、悍厉、奋张
	牛仔舞	美国	舞姿豪放、开朗，舞步自由多变、节奏快捷

四、体育舞蹈音乐的特点

音乐是体育舞蹈的灵魂，由于舞种不同，其音乐节奏、旋律和风格特点也各异。摩登舞音乐节奏清晰；拉丁舞音乐节奏鲜明强烈，具有热情、奔放、浪漫的特点。舞者根据不同舞种的音乐特点与所做的舞蹈节奏相一致，并充分展现舞蹈的意境，表达音乐的情感，才能使体育舞蹈的艺术表现更富有感染力。表 3-2 给出了各种体育舞蹈音乐的特点。

表 3-2 体育舞蹈音乐特点

舞种名称		音乐节拍/拍	速度/(小节/min)	音乐特点
摩登舞 MODERN	华尔兹 (Waltz)	3/4	30～32	舒缓流畅，委婉陶醉，动听入耳，富于遐想
	探戈舞 (Tango)	2/4	30～34	华丽雄壮，停顿附点，强调切分音
	狐步舞 (Slow Foxtrot)	4/4	29～30	徐缓流畅，柔和飘逸
	快步舞 (Quick Step)	4/4	50～52	节奏明快，逍遥自在
	维也纳华尔兹 (Viennese Waltz)	3/4	56～60	节奏清晰，旋律活泼
拉丁舞 LATIN	伦巴舞(Rumba)	4/4	27～28	缠绵抒情，柔美动听
	恰恰舞 (Cha Cha)	4/4	29～32	欢快热烈，浪漫风趣
	桑巴舞 (Samba)	2/4	48～56	欢欣快悦，活泼动听
	斗牛舞 (Paso Doble)	2/4	60～62	雄壮激昂，刚健有力，感人奋进
	牛仔舞 (Jive)	4/4	40～46	热烈欢快，轻松自如

第三节 交谊舞基本知识

随着物质文化生活水平的逐步提高，现代化生活节奏的加快，工作压力日益增大，人们对于精神生活的需要也愈加迫切，特别是现代大学生渴望扩大自己的交际圈，渴望被人理解、被社会认可的愿望更加强烈。交谊舞能很好地满足大学生的这种需要，在愉悦身心的同时更能缓解学习压力，减缓心理压力。

一、交谊舞基本握持姿势

标准的握持姿势，是共舞双方形成整体性结构的重要手段，在舞蹈中发挥着不可忽视的决定性作用。好的握姿应该使共舞双方融为一体，在交谊舞里，除探戈之外，其他舞种的握姿基本是一样的，其要点如下：

(1) 脚：双脚平行并拢，切不可"八"字形张开，右脚尖对准舞伴的两脚之间，重心集中于前脚掌但不能抬起脚跟。

(2) 手：男伴的右手掌心向内，扶在女伴左侧肩骨下缘，从肩、肘和手依次自然斜垂，五指并拢，既不要凸起手腕，更不能用手背来领舞。女伴左手轻放在男伴右臂肩袖处，四指并拢，虎口张开，用虎口定位。整个手臂轻放在男伴手臂之上，不可脱离接触，更不可将整个左臂重量押在男士右臂上。男左手和女右手对握，并互相顶住，整个手臂呈圆弧状向斜上方展开，犹如轻松自如地合撑着一把太阳伞，手的高度一般根据女士身高在齐耳根和齐眉之间的某一固定点，位置在男女舞伴之间。

(3) 头和视点：在保持双方肩轴平行的前提下，各自的头部向左侧 45°侧转，双眼平视前方；女伴还应充分利用胸椎和颈椎的关节功能，从胸腰以上身体向后打开成挺拔式弯曲，造成特有的女性曲线美，注意切勿理解为往后躺腰或挺腹。

(4) 身体：从横隔膜起，直到大腿面止，形成双方的微贴，在重心上挺，打开"间隔"的基础上，寻找双方的"合力"感，这样有利于旋转性比较强的舞蹈。

(5) 运步方法：这是跳好交谊舞的重要基本功之一。不同的舞种，对运步方法都有一些不同的特殊要求。第一，双脚平行，直进直退。脚尖必须指向身体的正前方，绝对不要指向身体的旁侧。第二，依序落地，进退有别。向前运步时，第一只脚要先落脚跟，然后依序放下脚心脚掌脚趾。第二只脚则要先抬起脚跟，经脚掌和脚趾推地移动，向后运步则正好相反。第三，脚到重心到。上身必须永远保持在重心脚的垂直线上运动，决不能出现"试探状出脚"的"重心迟误"状态。脚到重心不到，则难免出现"撅臀"、"挺腹"、"俯仰上身"等推拉磕碰现象，使标准握持的规范很难保持。初学入门者，在未进入舞种学习前，最好运用已经学到的标准握姿进行不同体位的八种方向的运步练习。

二、交谊舞舞步暗示动作

交谊舞起舞时，男伴主要用身体和左右手的轻微暗示动作来引导女伴的进退、旋转和花步，其主要方法如下：

(1) 前进：左手轻推，右手稍向前松开，身体前移。

(2) 后退：左手轻拉，右手紧贴舞伴背部向后带，身体后移。

(3) 左转：右手指微压舞伴背部并向左用力。

(4) 右转：左手轻向右推，右手掌压舞伴背部向右用力。

(5) 左横并：右手指向左微微推移。

(6) 右横并：右手指向右微微推移。

(7) 侧交叉步：左侧交叉时，右手指稍用力压舞伴背部，左手略向左后轻拉；右侧交叉时，右手指稍用力，压舞伴背部，左手略向右前轻推。

起舞时，女伴虽处于被引导地位，但不应完全等着舞伴的推动和依靠对方力量去进退转移，而是根据男伴的暗示作出敏捷的反应和跟随，切忌事前预测对方舞步方向，更不应主动带领男伴按自己的意图起舞，以免互相踩脚或绊倒。为了防止相互碰撞，当发现男伴背后有舞者时，女伴应左手轻压舞伴肩部予以暗示。

三、交谊舞引带技巧

1. 男伴的引带技巧

一对舞伴要跳得好，关键在于男伴带领的技巧。虽然女伴的跟随也很重要，但男伴带领的动作如果不准确，女伴也无从跟随。要做一个较好的带领者，首先应懂得每种舞的基本舞步和带领的方法以及音乐节奏。这就要求男伴不仅要有能力顾及自己的运步，而且也要有能力带领女伴，不致反被舞伴拖着跑。男士带领的动作要果断而明显，即使是舞步错了，也不要紧，最要紧的是要使舞伴知道你要带领的方向。前进时，只要将右手略微松弛，同时用运步的脚和膝盖轻轻暗示舞伴即可让舞伴明白你的运步方向；后退时，男伴以右手手指稍用点力点按女士背部即可告知该女士前进了；向左转时，右手手指放松，用手掌往左侧轻轻推送，舞伴与你相对时，手掌放松再使用手指；向右转时，用右手手指往右侧带等。

2. 女伴跟随技巧

一对舞伴要合作得美妙，也要看女伴跟随的技巧如何。女伴要跟随得好，首先是一切行动"听"指挥，即使是知道男伴下一动作的动向，也必须等他给予暗示后才能动作。其次女伴在跟随时，身体力求轻飘自然，不要将体重都附在男伴身上，否则男伴会感到拖不动你，使他失去带领的能力。女士切不可主动地去引导或变化舞步，也不能凭自己的主观臆断去猜测舞步的发展和变化，更不能企图去"纠正"男伴的舞步。所以，跟随的要诀就在于"主动地服从"，从细腻的微观感觉上讲，女伴应在节奏允许的前提下，处于一种比男伴稍稍慢些的"待机运动"式的被引导状态，永远也不要企图去"夺取领舞权"。

四、舞会礼仪

舞会是娱乐、体育、礼仪融为一体的群体活动，是培养文明礼貌、陶冶情操和审美教育的场所，因此参加者应要注意仪表与礼貌。

(1) 参加舞会者仪表要修饰适度，衣着整洁合体。男子要衣着庄重，切忌粗俗邋遢；女子要服饰华丽，不可轻浮妖艳。千万不能叼着烟卷，戴着帽子跳舞，也不要穿拖鞋、背心、短裤入场，也不宜穿大衣，戴帽子口罩等。

(2) 参加舞会前不要酗酒，不食大蒜、葱等易产生异味的食物，女士可适当洒点香水。场内不吸烟，不吐痰，不冲别人打哈欠，保持良好精神状态。

(3) 邀请舞伴时，一般是由男伴先请女伴，男士应伸手示意邀请，并诚恳地说："请您跳一个(或一曲)"，此时，女伴应立即起立礼貌相迎。一般是女伴走先，男伴随后。到达舞池边缘时，女伴背对舞程线站立，男伴即可上前与女伴相握起舞。当舞曲终了时，男伴要将女伴送回原座，然后再点头表示谢意。

(4) 舞姿要正：男女伴舞时，要上身直，下身稳，握手松，扶人轻。伴舞主导的男方，动作要明确，指挥得当，切忌迎面相撞，乱扭乱转，也不可老低头看脚，这是初学者的通病。

(5) 在舞会中，男女舞伴一般应将一支曲跳完，尽量不要中途退场。

第四节　实用舞步教学

一、华尔兹

华尔兹是一种旋转性很强的舞蹈，俗称三步舞，适用于一切拥挤或宽敞的场合。每三步的第一步略长，体重移至脚掌，除有说明或规定外，第一步时身体即开始降低，第一步完后升起，第二步、第三步继续升起，第三步完时降低，体重回落至脚后跟。因而具有低回起伏的舞姿，但需注意，身体升降必须柔和，不宜生硬。当舞步熟练后，即可学习身体起伏和身体倾斜。身体的起伏和身体的倾斜为华尔兹舞的特色，不仅使舞姿优美，且有助于转动。

1. 基础前进

男士步法(面对舞程线开始)：

音乐节拍

(1) 左脚向前进步。……………1 ⎫
(2) 右脚前进向右边横步。……2 ⎬ 1 小节
(3) 左脚向右脚并步。…………3 ⎭

(4) 右脚向前进步。……………1 ⎫
(5) 左脚前进向左边横步。……2 ⎬ 1 小节
(6) 右脚向左脚并步。…………3 ⎭

面对舞程线完止(见图 3-4)。

女士步法(背对舞程线开始):与男士动作相同,方向相反,背对舞程线完止。

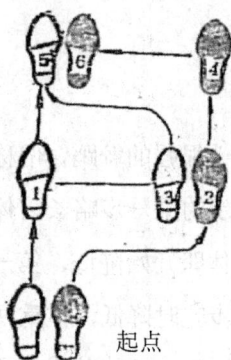

起点

图 3-4 基础前进步

2. 华尔兹方步(可作前进、后退循环练习)

男士步法(面对舞程线开始):

音乐节拍

(1) 左脚向前进步。···········1 ⎫
(2) 右脚前进向右边横步。······2 ⎬ 1 小节
(3) 左脚向右脚并步。·········3 ⎭

(4) 右脚向后退步。··········1 ⎫
(5) 左脚后退向左边横步。·····2 ⎬ 1 小节
(6) 右脚向左脚并步。········3 ⎭

面对舞程线完止(见图 3-5)。

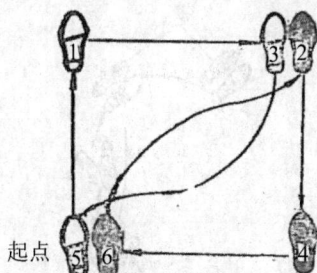

图 3-5　华尔兹方步

女士步法(背对舞程线开始)：与男士动作相同，方向相反，背对舞程线完止。

3. 右转

男士步法(面对斜墙壁开始)：

音乐节拍

(1) 右脚向前进步。 ⎫ 向右转 …… 1 ⎫
(2) 左脚向左边横步。 ⎭ 成背对 2 ⎬ 1 小节
(3) 右脚向左脚并步。 舞程线 ………3 ⎭

(4) 左脚向后退步。 ⎫ 向右转 ………1 ⎫
(5) 右脚向右边横步。 ⎭ 成面对 2 ⎬ 1 小节
(6) 左脚向右脚并步。 斜中央 ………3 ⎭

面对斜中央完止(见图 3-6)。此步可接在左足变换步、左侧退等舞步之后。

女士步法(背对斜墙壁)：与男士动作相同，方向相反，背对斜中央完止。

起点

图 3-6　右转

4. 右足变换步(自右转换至左转)

男士步法(面对斜中央开始):

音乐节拍

(1) 右脚向前进步。 ················1 ⎫

(2) 左脚前进向左边横步。⎫ 不转··········2 ⎬ 1 小节

(3) 右脚向左脚并步。 ⎭ ················3 ⎭

面对斜中央完止(见图 3-6)。

女士步法(背对斜中央开始):与男士动作相同,方向相反,背对斜中央完止。

此步之后可连接下列舞步:左转、左转第(1)、(2)、(3)步后接入后侧退等。

5. 左转

男步(面对斜中央开始):

音乐节拍

(1) 左脚向前进步。	向左转	…………… 1	
(2) 右脚向右边横步。	成背对	…………… 2	1 小节
(3) 左脚向右脚并步。	舞程线	…………… 3	
(4) 右脚向后退步。	向左转	…………… 1	
(5) 左脚向左边横步。	成面斜	……… 2	1 小节
(6) 右脚向左脚并步。	对墙壁	…………… 3	

面对斜墙壁完止(见图3-7)。

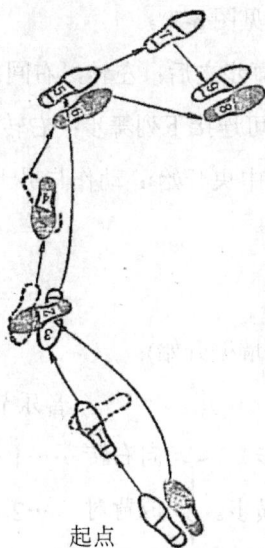

起点

图 3-7 左转

此步可接在下列舞步之后：右并变换步，右回旋步和左转第(4)、(5)、(6)步之后，正当跳至舞池边缘时。此步之后可连接下列舞步：左并变换步，左转第(1)、(2)、(3)步之后随接后侧退。

6. 左并变换步(自左转换至右转)

男士步法(面对斜墙壁开始)：

音乐节拍

(1) 左脚向前进步。 ················1

(2) 右脚前进向右边横步。 不转········2 } 1 小节

(3) 左脚向右脚并步。 ················3

面对斜墙壁完止(见图 3-7)。

此步可接在下列舞步之后：左转，右回旋步和左转第(4)、(5)、(6)步之后。此步之后可连接下列舞步：右转、右回旋步。

女士步法(背对斜中央开始)：动作与男士动作相同，方向相反，背对斜墙壁完止。

7. 右回旋步

男士步法(面对斜墙壁开始)：

音乐节拍

(1) 右脚向前进步。 向右转······1

(2) 左脚向左边横步。 成背对 ···2 } 1 小节

(3) 右脚向左脚并步。 舞程线······3

（4）左脚向后退步。　　向右转 ……1 ⎫
（5）右脚向前进步。　　成背对 ……2 ⎬ 1 小节
（6）左脚向左边横步。　舞程线 ……3 ⎭

向右转一整周，回至开始位置上完止（见图 3-8）。

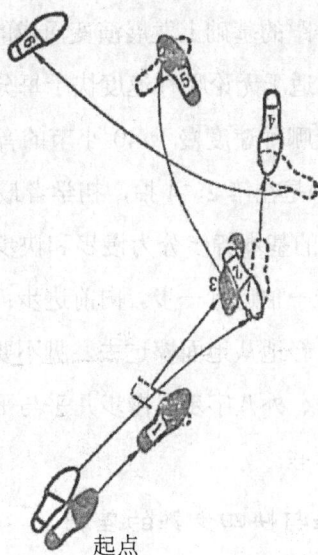

图 3-8　右回旋步

此步可接在左足变换步、左侧退等步法之后，在舞室角隅上，右回旋步后，随接左转第(4)、(5)、(6)步之步位图。完止时在新舞程线上面对另一斜墙壁。

舞步组合练习：（男士面对斜中央）前进常步接右转步，随接左足并换步，左转步，随接右足并换步，华尔兹方步做 3 小节，随接回旋步，随接右转步重复进行。

二、慢四步与快四步舞

(一) 慢四步(布鲁斯)与快四步舞

这是最普遍的跳法，尤其适宜用在拥挤的场合。这两种舞法都是在欧洲古老民间舞蹈的基础上发展演变而成的。它采用 4/4 的音乐伴奏，快四步可以适于无论哪种速度快于每分钟 40 小节的音乐，慢四步可以适于无论哪种速度慢于 40 小节的音乐。重音<蓬>是在第 1、3 拍，轻音(嚓)是在第 2、4 拍，初学者最相宜。

慢四步(布鲁斯)的基本舞步分为慢步和快步。慢步又叫常步，两拍运行一步；快步一拍运行一步。向前进步：是以走路的自然动作为基础，脚掌要轻轻地从地面擦过去，脚不要离地。注意脚要成直线前进，不要走内、外八字步。慢步几乎与平常走路的步子长短一样，快步则步子短些。

(二) 慢四步舞与快四步舞的差别

(1) 在慢四步中，除"边步"和"闪步"外，其他都可在快四步中跳。因为速度关系，慢四步的"边步"是六个快步，如用在快四步中就会变成跑步，极不相宜。慢四步的"闪步"，也因速度关系，不宜用在快四步中，故快四步中的"闪步"采用三个慢步，而不用快步。

(2) 慢四步中，每当并步时，两脚须并拢。但在快四步中的并步，两脚不用并拢。

(3) 慢四步的步子略长，快四步的步子略短。

(三) 舞步练习

在练习中一定要使舞步同音乐节奏吻合。按照 4/4 的节拍，每小节四拍，即 1、2、3、4 拍，重音<蓬>在第 1、3 拍上。轻音(嚓)在第 2、4 拍上。舞步应当在第 1、3 拍(重音)上开步(先用左脚或右脚开步都行)，这样就可同音乐节奏吻合。

1. 前进常步

男士步法(见图 3-9)：

(1) 左脚向前进步。·················慢

(2) 右脚向前进步。·················慢

起点

图 3-9　前进常步

(3) 左脚向前进步。…………………快

(4) 右脚向左脚并步。…………………快

女步步法与男士动作相同，方向相反。

2. 后退常步

男士步法(见图 3-10)：

(1) 左脚向后退步。…………………慢

(2) 右脚向后退步。…………………慢

(3) 左脚向后退步。…………………快

(4) 右脚向左脚并步。…………………快

女步步法与男士动作相同，方向相反。

起点

图 3-10　后退常步

3. 前进左并步

男士步法(面对舞程线开始):

(1) 左脚向前进步。⋯⋯⋯⋯⋯⋯慢

(2) 右脚向前进步。⋯⋯⋯⋯⋯⋯慢

(3) 左脚向左边横步。⋯⋯⋯⋯⋯快

(4) 右脚向左脚并步。⋯⋯⋯⋯⋯快

面对舞程线完止(见图 3-11)。

女步(背对舞程线开始):与男士动作相同,方向相反,背对舞程线完止。

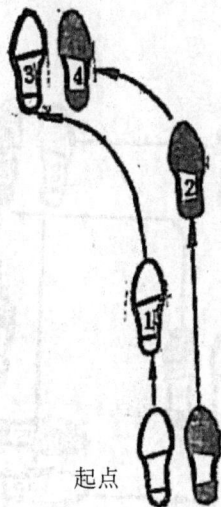

图 3-11 前进左并步

4．并步后退左转

男士步法(面对舞程线开始)：

(1) 左脚向前进步。…………………慢

(2) 右脚前进向右边横步。…………快

(3) 左脚向右脚并步。………………快

(4) 右脚向后退步。…………………慢

(5) 左脚向左边横步。………………快

(6) 右脚向左脚并步。………………快

(7) 左脚向前进步。…………………慢

面对中央完止。如连续重复三次，即转回至开始面对舞程线的位置(见图 3-12)。

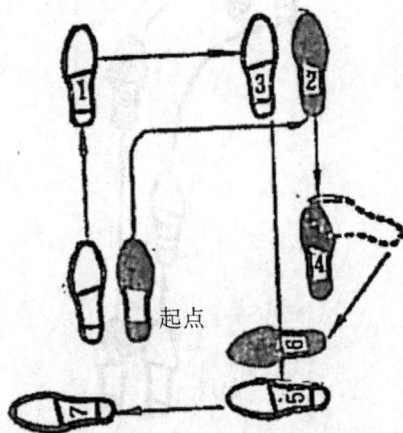

图 3-12　并步后退左转

女士步法(背对舞程线开始)：与男士动作相同，方向相反，结束背对中央。连续重复三次，即转回至开始背对舞程线的位置。

5. 1/4 转步

男士步法(面对斜墙壁开始)：

(1) 右脚向前进步。••••••••••••••••慢

(2) 左脚向左边横步。⎤••••••••••快
                     ⎬ 向右转 1/4

(3) 右脚向左脚并步。⎦••••••••••快

(4) 左脚向左边横步(稍向后)。••慢

(5) 右脚向后退步。••••••••••••••••慢

(6) 左脚向左边横步。⎤••••••••••快
                     ⎬ 向左转 1/4

(7) 右脚向左脚并步。⎦••••••••••快

(8) 左脚向前进步。 ••••••••••••••慢

面对斜墙壁完止(见图 3-13)。

女士步法(背对斜墙壁开始)：与男士动作相同，方向相反，结束于背对斜墙壁。

此步宜于用在沿舞程线(直线)前进，进至室角时用并步后退左转变换方向。当此步之后连接并步后退左转时，将 1/4 转第 8 步作为并步后退左转第 1 步。此步是男伴先开右脚，可能有些读者会不习惯，如不习惯时，则可先开左脚(多加一慢步)但这一步并不等于 1/4 转第 1 步。

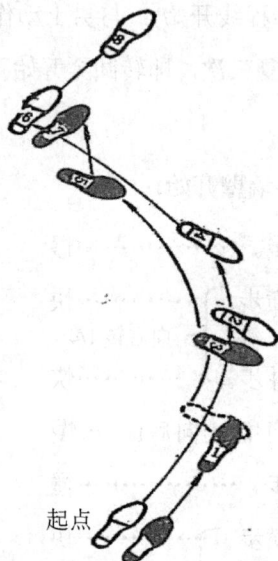

起点

图 3-13　1/4 转步

6．右轴转

男士步法(面对斜墙壁开始)：

(1) 右脚向前进步。…………………慢

(2) 左脚向左边横步。……………快

(3) 右脚向左脚并步。……………快

(4) 左脚向后退步。…………………慢

这四步重复三次，即可向右转成一整周，以面对斜墙壁完止；如在舞室角上时，只重复两次，即可向右转成 3/4，面对新舞程线斜墙壁完止(见图 3-14)。

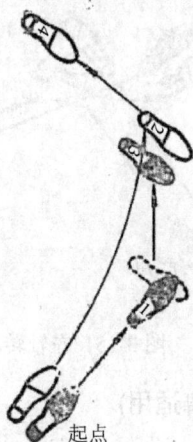

图 3-14　右轴转

女士步法(背对斜墙壁开始)：动作与男士相同，方向相反，面对斜墙壁完止。

7. 左轴转

男士步法(面对斜墙壁开始)：

(1) 左脚向前进步。…………慢

(2) 右脚向后退步。…………慢

(3) 左脚向左横步。…………快

(4) 右脚向左脚并步。………快

第(2)、(3)步完成向左转 1/4(见图 3-15)。

这四步重复三次，即可向左转成一整周，以面对斜墙壁完止。

女士步法(背对斜墙壁开始)：与男士动作相同，方向相反，背对斜墙壁完止。

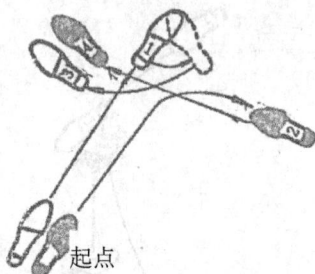

图 3-15   左轴转

8. 闪步(仅慢四步舞适用)

男士步法(背对舞程线开始):

(1) 右脚稍向前进步。⋯⋯⋯⋯⋯⋯快

(2) 左脚向右脚并步。⋯⋯⋯⋯⋯⋯快

(3) 右脚向后退步。⋯⋯⋯⋯⋯⋯慢

背对舞程线完止(见图 3-16)。

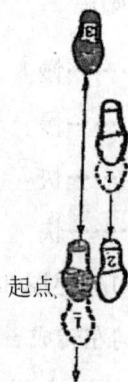

图 3-16   闪步

女士步法(面对舞程线开始)：动作与男士相同，方向相反，面对舞程线完止。此步之后可连接 1/4 转最后三步。

9. 边步(快四步舞适用)

男士步法(在舞程线旁，以脚趾对斜墙壁开始)：

(1) 左脚向左边横步。……………………………快

(2) 右脚向左脚半并步。……………………………快

(3) 左脚向左边横步。……………………………慢

(4) 右脚向左脚并步。……………………………慢

面对开始方向完止(见图 3-17)。

图 3-17　边步

女士步法(在舞程线旁)：以脚趾对斜中央开始，动作与男士相同，方向相反，面对开始的方向完止。

舞步组合练习(男步，面对舞程线开始)左脚向前进步，随接 1/4 转，紧接并步左转。如尚未到达角隅，则可随接 1/4 转，或前进数步；如已到达角隅，则可随接右轴转，或紧接左轴转，转过角隅后，即随接 1/4 转，紧接左轴接，至回旋并步。随接并步左转，再随接 1/4 转前四步，随即后侧退，随接闪步，紧接并步后退左转最后四步，再紧接并步后退左转等。

图书在版编目(CIP)数据

形体训练、健美操、体育舞蹈/李桂琴，杨敏，孙园主编.
—西安：西安电子科技大学出版社，2016.2(2025.1 重印)
ISBN 978–7–5606–4028–0

Ⅰ. ① 形… Ⅱ. ① 李… ② 杨… ③ 孙… Ⅲ. ① 健身运动
—高等学校—教材 ② 健美操—高等学校—教材 ③ 体育舞蹈
—高等学校—教材 Ⅳ.① G831.3

中国版本图书馆 CIP 数据核字(2016)第 020307 号

策 划 杨丕勇
责任编辑 杨 薇 杨丕勇
出版发行 西安电子科技大学出版社(西安市太白南路 2 号)
电 话 (029)88202421 88201467 邮 编 710071
网 址 www.xduph.com 电子邮箱 xdupfxb001@163.com
经 销 新华书店
印刷单位 广东虎彩云印刷有限公司
版 次 2016 年 2 月第 1 版 2025 年 1 月第 5 次印刷
开 本 850 毫米×1168 毫米 1/32 印 张 3
字 数 53 千字
定 价 25.00 元
ISBN 978-7-5606-4028-0
XDUP 4320001-5
如有印装问题可调换